Andrea Semplici

Viaggiatori viaggianti. Da Bob Marley a Che Guevara

Giro del mondo in nove racconti

TERRE DI MEZZO EDITORE

Terre di mezzo Editore
via Calatafimi 10, 20122 Milano
Tel. 02-83.24.24.26, e-mail editore@terre.it

Direzione editoriale: **Miriam Giovanzana**
Coordinamento editoriale: **Davide Musso**
Impaginazione: **Laura Licari**

Supplemento al numero 014, giugno 2010, di "Terre di mezzo"
Direttore responsabile: Elena Parasiliti
Registrazione Tribunale di Milano, n. 566 del 22 ottobre 1994

Stampato nel mese di maggio 2010 - Impressioni Grafiche, Acqui Terme (AL)

Il catalogo di Terre di mezzo Editore è su libri.terre.it

Per Angelo D'Arrigo,
come vorrei, una volta soltanto,
aver volato con te.

Chiedo scusa a Ivano Fossati.
Il titolo di questo libro è tutto suo.

Grazie

È probabile che, per pigrizia o per stanchezza, non sarei mai riuscito a seguire le tracce di questi "viaggiatori, viaggianti" di cui ho amato le pagine che hanno scritto o delle quali sono stati protagonisti. Forse non sarei mai partito se qualcuno non mi avesse preso per mano (o mi avesse tirato un calcio nel sedere) per convincermi ad andare. Alberto e Pier Gianni Addis, a loro e alla Kel 12, tour operator di Mestre, devo la maggior parte dei miei viaggi: senza di loro, davvero, questo libro non sarebbe mai stato possibile. Nicoletta Salvatori, ex direttrice di *Airone*, oggi è alla testa di *TuttoTurismo*: si è sempre fatta convincere ad appoggiare i miei progetti sempre confusi. Anche chi, negli anni, l'ha seguita alla direzione di *Airone* ha continuato a chiedermi di inseguire i sogni di Sandokan o di Pablo Neruda: grazie a Eliana Ferioli e a Luigi Grella. E a Stefania Rumor, caporedattrice di *Linus*, che si lasciò affascinare dalla grande/piccola storia dell'india Virginia. Grazie a Ryszard Kapuscinski che, anni fa, mi regalò alcuni giorni di pace e di avventura assieme a lui. Grazie a Pier Maria Mazzola, coordinatore di Amani, per avermi chiesto di raccontare la storia dello stesso Ryszard. E grazie, infine, a Felice Pozzo, appassionato salgariano, che mi ha aiutato a ricostruire la biografia di Sandokan.

Andrea Semplici

Viaggiatori viaggianti

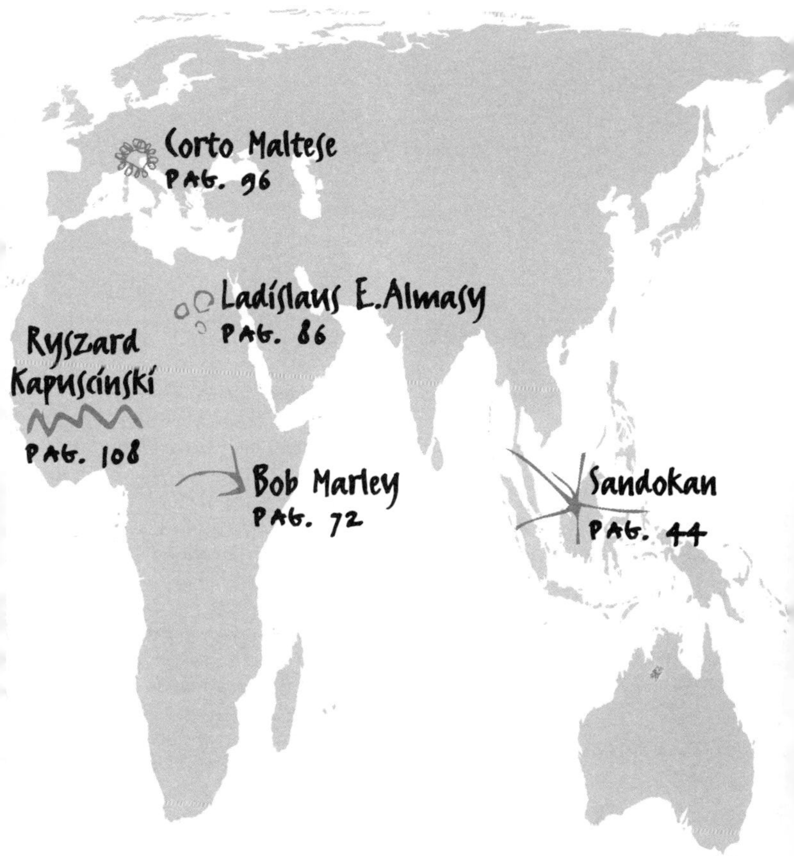
Corto Maltese
PAG. 96
Ladislaus E. Almasy
PAG. 86
Ryszard
Kapuscinski
PAG. 108
Bob Marley
PAG. 72
Sandokan
PAG. 44

Ernesto "Che" Guevara

Ernesto Guevara e Alberto Granado partirono
da Cordoba, in sella a una vecchia Norton,
alla fine del 1952. In un mese attraversarono
l'Argentina: dall'oceano Atlantico alle Ande.
Attraversarono la cordillera *per ridiscendere*
verso il Pacifico.
La moto Poderosa andò in pezzi in Cile:
il primo marzo, i due amici arrivarono
a Santiago sopra il pianale di un camion.
Ernesto e Alberto proseguirono il viaggio in
autostop per Valparaiso. L'8 marzo si imbarcarono
sul cargo San Antonio: rotta verso Antofagasta.
Varcarono il confine con il Perù, si fermarono
a Machu Picchu. In battello, lungo il Rio
delle Amazzoni, arrivarano al lebbrosario
di San Pablo, oltre Iquitos. In tempo per
il compleanno di Ernesto: il 14 giugno del 1952.
Il Che compiva 24 anni.
Pochi giorni dopo, a bordo della zattera Mambo-
Tango, i due compagni discesero ancora
il più grande fiume dell'America Latina.
Fino a Leticia, in Colombia. Era tempo di prendere
un aereo: per Bogotà.
Il viaggio di Ernesto e Alberto finì a Caracas,
a metà di luglio del 1953.

L'accordo fra Fidel Castro e il giovane Ernesto era stato chiaro: non avrebbe potuto fermarlo. Se avesse voluto partire, il Che sarebbe andato. Verso nuove rivoluzioni. Verso la morte: sarà ucciso, a freddo, in Bolivia, il 9 ottobre del 1967. Aveva 39 anni, era nato in Argentina nel 1928. Ernesto Guevara aveva incontrato il suo destino durante il suo secondo viaggio, dopo quello in motocicletta con Granado, attraverso l'America Latina: un esule argentino gli raccontò delle nuove speranze di libertà del Guatemala. Il Che vi arrivò nel dicembre del 1953: in tempo per vivere il colpo di Stato della Cia contro il governo legittimo di quel Paese. Ernesto fuggì in Messico. Qui incontrò Fidel, l'uomo che voleva liberare Cuba. Il Che sarà a bordo del Granma, *la piccola imbarcazione che trasportò i rivoluzionari cubani sull'isola.*
Fu comandante sulla Sierra. Sarà ministro nella prima Cuba. Ma un Don Chisciotte ribelle non può fermarsi: "sento sotto i talloni le costole del Ronzinante". Nella primavera del 1967 ripartirà per il suo ultimo viaggio, l'ultima rivoluzione impossibile. Con un saluto all'amico Granado: "Ti saluto, gitano sedentario...".

La Poderosa viaggia ancora

Questa è una vecchia storia. Una storia quasi personale. Inadatta a essere scritta. Se non fosse per un film oramai di culto, se non fosse per un mito che ancora affascina ragazzi nati vent'anni dopo la sua morte. Se non fosse per Francesco Guccini: colpa sua aver scritto che "gli eroi son tutti giovani e belli".

Qualche anno fa, era il 1993, la Feltrinelli mise assieme in un libro i diari, scritti spesso in parallelo, e a volte divergenti, di due ragazzi che quarant'anni prima avevano deciso di attraversare l'intera America Latina in sella a una vecchia motocicletta.
Già, la motocicletta: una Norton 500 del 1939. Gran bella moto, trasformata in un Ronzinante per due Don Chisciotte degli anni '50. Ad Alberto, era costata 3.600 pesos, quasi 800 dollari di oggi. Aveva già quasi 13 anni di vita e di chilometri quando lasciò una bella strada di Buenos Aires, rischiò di schiantarsi contro una corriera (ma il mancato incidente, in realtà, era avvenuto a Cordoba e non a Buenos Aires come ci racconta invece il film) prima

di avventurarsi lungo le strade polverose delle *pampas* argentine.
Che idea balorda: andare in Venezuela facendo rotta prima verso l'Atlantico e poi verso la Patagonia. Come dire: si vuole andare a nord marciando verso sud. Ottomila chilometri da percorrere in quattro mesi. Solo a due ragazzi-fratelli, spavaldi e squattrinati, poteva venire in mente un simile itinerario.
Il libro, quando uscì undici anni fa, era quasi timido, quasi clandestino: si chiamava *Latinoamericana* e in copertina stava un giovane con una camicia bianca, disteso su un piccolo balcone. Solo a ben guardare scoprivi che quello era un nuovo diario di Ernesto Che Guevara. Niente a che vedere con le storie di guerriglie e di foreste boliviane. Niente sottofondo di canzoni da rivoluzione. Niente magliette, poster, portachiavi o bandiere. Non aveva né barba, né capelli scompigliati dal vento. Lo sguardo non era fiero, ma perso nei sogni, malinconici e bellissimi, di un ragazzo. Ernesto Guevara de la Serna non era ancora il Che: era ancora Fuser, il *furibondo Serna*, studente in medicina, 23 anni, "impavido" giocatore di rugby alla faccia di una brutta asma.
Il suo amico di avventure era più vecchio di sei anni: Alberto Granado, una laurea in biochimica e già un lavoro di passione con i lebbrosi. Una di quelle storie che ti segnano la vita.
Alberto, *Mi Al* per chi lo conosceva, è il proprietario della moto. È lui ad averla battezzata *Poderosa*. *Poderosa II*, per l'esattezza. La prima era stata una formidabile bicicletta degli anni da studente.

Di che cosa hanno bisogno due ragazzi per partire? Giovani, generosi, sfacciati, belli, inquieti, colmi di futuro, capaci ancora di stupirsi e indignarsi. Con addosso una "insaziabile voglia di viaggiare". E la Poderosa è come un animale preistorico pronto a scalpitare ai loro ordini.
Come fermarsi? Non si può far altro che scalciare il pedale della messa in moto e dare gas.

Niente sottofondo di canzoni cubane, ripetiamo. Nemmeno un *hasta siempre* da retorica. Al massimo, quasi con banalità, un tango di Gardel. *Volver*, ad esempio. Che un cantore argentino, gay e dalla bella voce, canta ancora oggi all'angolo del quartiere di Boca a Buenos Aires. Tra case colorate, bancarelle di pesce e bar che aprono tardi alla domenica dopo una notte di baldorie.
Il Rio della Plata, alla Boca, è vasto come un mare e davvero invita a mettersi in cammino. Ma la domenica, in questa città straordinaria, deve essere passata fra le chincaglierie di San Telmo: a scrutare, con invidia trattenuta, la sensualità del tango. Per poi trascorrere un pomeriggio di pigrizia al cafè Tortoni in avenida de Mayo, a leggere il libro che ci siamo portati dall'Italia, a costruire anche noi il nostro itinerario per l'America Latina. E l'orchestra del Tortoni suona la musica giusta: tango e paso doble. E al diavolo se fra le doti del giovane Guevara non c'era il ballo. Bastava Alberto come ballerino.

Io passeggio per Buenos Aires con *Latinoamericana* in mano: dentro vi è una traccia, la casa del balcone è in un elegante viale alberato. Calle Arsoz, secondo la didascalia della fotografia del Che ragazzo. Errore veniale di toponomastica: potrebbe essere Calle Araoz, dove le case hanno davvero il balconcino in ferro battuto e gli alberi sono diventati ombrosi e grandi. E qualcuno, il portiere del numero 2253, ci dice che qui abita una cugina di Ernesto Guevara. Ecco: è sufficiente, questa è la strada della foto, forse questa è la casa. La Poderosa fu parcheggiata in questa via: al chilometro zero dell'avventura. È il 4 gennaio del 1952. È da qui che può partire il viaggio personale sulle orme di Fuser e Mi Al. Una storia quasi privata, vissuta quarant'anni dopo.

Sbaglia chi, con poco tempo, affronta l'Argentina a balzi di aeroplano. Non si riuscirà a capire questo Paese-continente volando da Buenos Aires alla Patagonia. Non si avvertirà il respiro della steppa patagonica. Il "nulla" è la dimensione di questa terra. Il vento è il compagno inseparabile: soffia senza soste, da occidente verso oriente e fa vibrare come corde di violini l'*alambrado*, le recinzioni delle *estancias*. La Poderosa arranca sulle piste della Patagonia: Ernesto e Alberto sembrano perdersi in strade dritte come immensi righelli, cadono di continuo, i chilometri sono infiniti. La cordigliera andina è un orizzonte irraggiungibile. Ma la Norton scalpita: quelle montagne sono il confine. Alberto ed Ernesto, vagabondi "senza meta", devono scavalcarle se vogliono conoscere sul serio la Maiuscola America.

Con quali oggi occhi Ernesto guarderebbe oggi San Martín de los Andes o San Carlos de Bariloche? Regione di laghi,

paesaggi perfetti, Svizzera patagonica, chiese neogotiche, turisti a plotoni affiancati nei mesi estivi e in quelli invernali. Paesi come Saint Moritz delle Ande. Il miglior albergo si chiama Edelweiss, il ristorante più celebre è il Vecchia Monaco, Herr Hauser vende vini europei. Nelle vetrine delle pasticcerie (la più celebre si chiama Val Gardena) trionfano cioccolata svizzera e birra bavarese. Alpini italiani hanno regalato una lupa di bronzo alla cittadina. Quando la Poderosa attraversa le strade di San Martín e di Bariloche, i due villaggi sono già il rifugio sicuro dei nazisti tedeschi aiutati da Perón a raggiungere l'Argentina. A Ernesto non piace San Martín: "triste e bruttino" questo villaggio andino. Ma il suo sguardo vola alle montagne, allo splendore alpestre del lago Nahuel Huapi, "l'isola della Tigre", alla meraviglia di una natura superba e orgogliosa. Nemmeno le ondate del turismo contemporaneo scalfiscono la bellezza delle cime innevate.
Strano crocicchio di personaggi questo valico andino fra Argentina e Cile: qui, nell'unica foresta al mondo di *arrayánes (Myrceugenella apiculata)*, sulla spettacolare penisola di Quetrihué, Walt Disney disegnò la dolcezza astuta del suo Bambi. Ernesto e Alberto, invece, salgono, smarrendosi, creste andine.
Ernesto è costretto a immergersi nel gelo delle acque del lago Curruhué Grande. Cerchiamo tracce con ostinazione priva di ragioni. La casa del guardaboschi di Curruhué non esiste più: ma ne troviamo le rovine. E, come un rito da ripetere, perché non tuffarsi fra le onde leggere del lago? Anche perché è il 6 febbraio, lo stesso giorno del 1952 e l'acqua non è così fredda.

Victor, giù in paese, a San Martín è un guardaparco pingue e gentile. Ci ascolta con un sorriso complice e poi ci accompagna fino a una piccola caserma in legno: è la *movilidad* di San Martín. "Qui hanno dormito i due ragazzi" dice, e spalanca le porte di un antico ricovero pieno di attrezzi (anche allora era un deposito).
Ci sta ingannando o questo paese di turisti non ha perduto la memoria del Che? Che Victor sia lo stesso guardiano di quasi mezzo secolo fa? Allora chi aprì le porte del capannone era un guardiano di centoquaranta chili e "una faccia a prova di pallottole". Non è che Victor, che sorride ancora, sia molto diverso.

La Poderosa slitta lungo la Strada dei Sette Laghi (Villarino, Hermoso, Tormentoso, Macheuco, Espejo Grande...): "impossibile descriverne la bellezza e la serenità". Alberto si rifugia nell'incapacità di raccontare: come si fa a "esprimere con le parole il cambiamento di colori dell'acqua e del cielo?".
Anche Ernesto ne è rapito, ma poi ne è come respinto: stufo della perfezione del paesaggio, stanco di "lago, bosco e casetta solitaria con giardino curato". Già, dov'è lo spirito della montagna? Dove sono quelle divinità della natura amate da coloro che chiamarono questi luoghi *Nahuel Huapi*?
Belisario e Susanna, *indios* mapuche, ci ospitano sul loro terreno cosparso di sterco di vacche. La loro casa è di legno. A notte accendono un fuoco per noi. Rami di ginepro bruciano con bella lentezza in una notte piena del ronzio di tafani. Susanna parla nel buio, il volto di Belisario è

come scolpito dalla luce delle braci. A cavallo arriva Patricio: vive in una capanna a due giorni di viaggio da questa sponda del lago. Io dormo avvolto in coperte di lana grezza e le voci tintinnanti degli uomini e delle donne mapuche diventano sogno. È questo lo spirito della montagna?
Al mattino Susanna è ancora seduta davanti alle braci: ravviva il fuoco, scalda la teiera, in silenzio beviamo dalle cannucce di metallo il liquido amaro e irrinunciabile del *mate*.
Siete qui Ernesto e Alberto? La Poderosa-Ronzinante può ripartire.

Strani incontri alle porte della Patagonia, strana gente, colma di storie minute sulla frontiera delle montagne. Albert Sheffield è un patotexano. Ultimo nipote di Martin Sheffield, il pistolero che si inventò, ottant'anni fa, la storia del *plesiosauro*, dinosauro superstite di qualche glaciazione, animale "metà cigno e metà coccodrillo" nascosto nella Lagunita di Epuyen.
Martin è finito nei libri di Chatwin. Albert ha qualcosa a che vedere con il Che. Lui è il pilota della *Modesta Victoria* e io non posso crederci: questa imbarcazione sontuosa, costruita in Olanda nel 1937 e trasportata, pezzo per pezzo, fin sulle Ande, naviga ancora. È ancorata alla banchina di Puerto Panuelo e per decenni e decenni ha assicurato i collegamenti fra Argentina e Cile.

Viaggio-slalom per varcare la frontiera: la *Modesta Victoria* fino a Puerto Blest. Sei chilometri di corriera fino a Puerto

Alegre. Una chiatta attraverso il lago Frias fino a Puerto Frias. Ancora corriere per scavalcare creste andine e atterrare a casa Pangue e al lago Esmeralda (che i missionari gesuiti hanno dedicati a *Todos los Santos*).
Oggi la *Modesta Victoria* è un traghetto per turisti: ma come allora è la Compagnia Andina del Sud (fondata anche questa un secolo fa da un immigrato tedesco, Ricardo Roth Schltz) ad avere il monopolio dei trasporti fra Cile e Argentina. Mi Al annota parole di rabbia contro la Compagnia: "Nessuno passa di qui senza lasciare soldi nelle sue tasche".
Albert Sheffield lucida legni e ottoni del vecchio traghetto: "Sì, mi hanno raccontato del Che Guevara. Ho conosciuto un marinaio che li aiutò a far salire la moto sulla barca. Mi disse che era sporca di fango e pesantissima".
Non fu facile spingere la Poderosa a bordo e non fu indolore trasportala, sul lago Frias, a bordo di una chiatta: i due ragazzi, senza un peso, si pagarono il viaggio caricando legname. Scrive Ernesto: "A Casa Pangue c'è un belvedere che permette di abbracciare lo stupendo panorama della terra cilena. Stavo guardando il futuro".

Il futuro... sulle sponde di sabbia vulcanica del lago de Todos Los Santos una famiglia cilena sta scaricando poltrone e tavoli: un trasloco, un addio all'Argentina dove non c'è più lavoro.
I due ragazzi avvertono il profumo delle Ande che, nella stretta terra del Cile, si confonde con il richiamo dell'oceano. A Temuco (18 febbraio 1952, km 2.772), città di Pablo Neruda (ma in quell'anno il poeta amatissimo dal

Che era un fuggiasco, un sovversivo in esilio), Fuser e Mi Al ingannano un pigro giornalista del quotidiano *El Austral*: i due ragazzi vagabondi si trasformano in "esperti in lebbra" in viaggio di conoscenza attraverso l'America Latina. Sbruffoni grandiosi, Ernesto e Alberto. In realtà dormono fra i banchi del mercato della città, sono svegliati dallo sferragliare dei treni e ignorano che la casa di Pablo Neruda è a cento metri di distanza dai loro giacigli.

Il futuro è una corsa che verrà compiuta senza la Poderosa. Ha già compiuto il proprio dovere: ha percorso le *pampas*, varcato le Ande, scavalcato una frontiera. La moto non ne vuole sapere di continuare: più "deboluccia" (è il suo nuove nome) che potente, decide che è tempo di smetterla di stantuffare. Arriverà, a dorso di camion, fino a Santiago. Fine del viaggio su due ruote vecchie e straordinarie, addio di malinconia in un'officina.
Ma il Che e Granado hanno mille vite. Non sono più "scrocconi motorizzati", ma "scrocconi non motorizzati". In autostop si arriva a Valparaiso, città che "crescendo si è abbarbicata ai monti che muoiono nel mare". Guevara gira naso in su e racconta della sua "architettura di zinco, scaglionata a terrazze, unite fra loro da scale serpeggianti o da funicolari". Ha ragione quando ne parla come uno stupendo "museo di stravaganze". Neruda avrebbe detto che Valparaiso è "segreta, sinuosa, fatta a gomiti" e che "apre le sue porte all'infinito del mare".
Già, il mare, l'oceano: se la moto rimane ancorata a terra, c'è una nave, un cargo, il San Antonio che percorre le onde dell'America Latina. Cosa può fermare due ragazzi che

stanno scrivendo il loro futuro? Niente. Si sale di nascosto sulla nave e si va. Verso nord, verso il futuro, verso quello che porterà la vita e il viaggio.
Otto anni più tardi il *Furibondo de la Serna* e *Mi Al* si ritroveranno a Cuba e, assieme, in una notte da ubriachi, leggeranno, con gioia e malinconia, le pagine di due diari fantastici.

Don Pablo Neruda

"Sono nato nel 1904. Nel 1921 uscì un opuscolo con delle mie poesie. Nel 1923 fu pubblicato il mio primo libro Crepuscolario*".*
Pablo Neruda, nella sua casa di Isla Negra, detta con lenta semplicità le parole delle sue memorie. Le stava scrivendo in quel settembre del 1973 in cui il Cile affondò nella tragedia e nel sangue. La ferocia dei militari del generale Pinochet non dava speranze né scampo ai ragazzi del nuovo Cile. Il vecchio poeta non volle sopravvivere a Salvador Allende. Morì il 23 settembre.

Neftalí Ricardo Elicier Reyes Basoalto, figlio di un ferroviere e di una maestra di scuola, era nato, in un luglio di pioggia, nel 1904 a Temuco, nel Cile centrale. Il padre non sopportava che quel figlio scanzonato passasse il suo tempo a scrivere. Ma Neftalí non poteva vivere senza la poesia. Decise di nascondere la sua identità. Lesse su una rivista dei libri di uno scrittore ceco: si chiamava Jan Neruda e narrava di città fantastiche. E Neruda divenne, così, il suo nome di poeta. Ma, forse, don Pablo non dice tutta la verità: a Santiago si racconta anche di Wihelmina Norman-Neruda, violinista che compare nelle storie di Scherlock Holmes. Potrebbe

essere lei il vero alter ego *inganna-padre di Neftalí.*
Pablo-Neftalí a diciassette anni, lasciò le montagne di Temuco e andò a studiare a Santiago. Si fece conoscere come scrittore, giornalista, poeta.
Ottenne stravaganti incarichi diplomatici (console a Rangoon, Colombo, Batavia, Singapore: il Cile è fra i più grandi importatori di tè al mondo).
Fu in Spagna, nel 1935, a fianco della Repubblica.
Diventò comunista. Progettò e cominciò a scrivere Canto General, *immensa saga epica sull'America Latina. Venne nominato console in Messico, aiutò i rifugiati spagnoli a emigrare verso il Cile.*
Nel 1945 era senatore al Parlamento di Santiago.
Tre anni più tardi venne destituito dalla carica.
Fu un poeta incendiario e sovversivo: il governo ordinò il suo arresto. Fuggì a cavallo attraversando la cordillera *andina fino in Argentina.*
Rientrò in Cile solo nel 1952. Nel 1970 il Partito comunista lo candida alla presidenza della Repubblica. Lui rinuncia a favore di Salvador Allende. Diventa ambasciatore in Francia.
Nel 1971, Pablo Neruda ottiene il Nobel per la letteratura. Rientra in Cile nel 1972.
Nei giorni del golpe *le sue case di Santiago e Valparaiso sono saccheggiate e devastate.*

Trenta e più anni dopo quei giorni terribili,
don Pablo è ancora il poeta-mito del Cile
e dell'America Latina. E, alla presidenza del Cile,
è stata eletta una donna, Michelle Bachelet:
nei giorni del golpe suo padre, ufficiale lealista,
fu ucciso dagli assassini di Pinochet.
Lei, allora ragazza, fu imprigionata e torturata
assieme alla madre.
Don Pablo, dagli scogli di Isla Negra,
canterebbe nuovi poemi per Michelle.

Metti, una notte da ubriachi a Santiago. La poesia è un istinto e Isla Negra non è un'isola

In una notte da ubriachi al cafè Lanzas, cuore palpitante di plaza Nunoa, *bohemia* delle ore piccole a Santiago del Cile, si parla di poesia. Si parla? Si litiga, ci si appassiona, si brinda, si citano versi, si prova a recitarli, ci si alza in piedi per rafforzare le proprie ragioni. Fra vino rosso e boccali di birra. Pablo, giovane filosofo, sorride come un bambino e azzarda: "La poesia per i cileni è come il tango per gli argentini. Come la bossa nova per i brasiliani". Ho chiesto ai miei compagni notturni: "Parlatemi di Neruda". E non è stato necessario altro: ragazzi nerudiani e pattuglie antinerudiane si sono sfidate per ore in un gioco di poesie, di politica, di amore, di polemiche. Ben si capisce: il Cile, questo Cile, trent'anni dopo la morte del poeta, avvenuta a dodici giorni di distanza dal *golpe* dei militari del generale Pinochet contro il governo di Salvador Allende, celebra con onori e grandiosità il centenario della sua nascita.

Il poeta sovversivo e gaudente, rivoluzionario ed eccentrico, Nobel per la letteratura, cantore torrenziale dell'America Latina, si è trasformato in un mito per queste terre

australi. Gli hanno dedicato scuole, strade, piazze, ristoranti, sale Vip all'aeroporto di Santiago. 280mila persone, ogni anno, visitano le sue case irreali trasformate in altrettanti musei. LanChile, compagnia aerea nazionale, osa ancor di più: il suo slogan "*Puede volar*" ha il volto pacioso di don Pablo come testimonial. Ce n'è a sufficienza perché i giovani intellettuali di Santiago si azzuffino fino all'alba al cafè Lanzas. Chissà cosa ne penserebbe il vecchio?
In una villa a Las Condes, quartiere elegante della capitale, Antonio Skármeta grande scrittore de *Il postino di Neruda*, mi spiegherà: "Il poeta è la metafisica del Cile. È il filosofo, è il militante, è il romantico. Lui canta la natura, il bosco, la rivoluzione. I ragazzi cileni si innamoravano con le sue poesie. Ha scosso la cappa bianca con la quale i reazionari avvolgevano l'America Latina. È l'uomo che fa comizi leggendo poesie. È lo scrittore che parla degli *indios* e della povertà. È troppo fecondo, fertile, contraddittorio, immenso. Come si poteva evitare che diventasse un mito?". Un tassista mi porta via nella notte di Santiago. Non si vive con un solo lavoro nel Cile di oggi: Jorge, autista notturno, di giorno insegna in un liceo. Mi sorprende: "La poesia per noi è un istinto".

Il liceo *de los Hombres* a Temuco, capitale della regione araucana, Cile centrale, oggi si chiama, ovviamente, "Pablo Neruda". Qui ha studiato il poeta. I ragazzi escono correndo in una bella confusione, come ovunque nel mondo. "Neruda? Chi, l'architetto?", ride con furbizia Bernardo. Daniela si lascia sfuggire: "Ci obbligano a impa-

rarlo a memoria. È una tortura". L'ispettore scolastico Juan González, antiche origini italiane, trova parole-rifugio con diplomazia: "Neruda è il nostro orgoglio".
Piove a Temuco, piove come una "cateratta": negli "anni della mia infanzia, il mio unico personaggio indimenticabile fu la pioggia". Le foreste sono superbe, intrico umido di alberi colossali: araucarie impazzite, *raulì* giganteschi si intrecciano con i cipressi *guaiteca*, i fiori rossi dei *copihue* sfolgorano fra le foglie sempreverdi dei boldo. Il paesaggio è una coreografia di vulcani, di nevi perenni, ghiacciai, laghi color cobalto. "Chi non conosce il bosco cileno, non conosce questo pianeta".
Temuco non è più la città di "legnaioli e ferrovieri" dell'infanzia di Neruda. Qui i ragazzi vengono a studiare all'università. Ma i mapuche, *indios* cileni, contadini testardi e poveri, arrivano ancora, sui loro carretti, al mercato vicino alla stazione.
Cerco la casa di don Pablo ragazzo. Chiedo all'archivio regionale. La trovo a fatica: Lautaro, 1414. Héctor Riquelme Ortiz ha una grande ferramenta e due denti d'oro. Troppo indaffarato per darmi ascolto: "Ho comprato la casa dieci anni fa. Da un cugino di Neruda. Tutto qui. Non so altro". Solo lo scorso anno, don Héctor ha scoperto di possedere una delle prime case del poeta.
Qualcuno vi ha appeso, sopra la porta, il simbolo nerudiano del pesce.

Isla Negra non è un'isola. E non è nemmeno nera. Oggi è un *balneario*, affollato luogo di vacanze a due ore di macchina da Santiago. Ville sfarzose, case a schiera, *fast-food*

e ristoranti alla moda hanno colonizzato la costa. Ma sessanta anni fa questa era una località isolata, selvaggia, battuta dalle onde dell'oceano.
"Avevo bisogno di un posto di lavoro. Trovai una casa di pietra di fronte all'oceano". Pablo Neruda chiese anticipi su un progetto ancora da scrivere: *Canto General* servì a comprare quella capanna di pescatori. Era il 1939 e, negli anni, la casa "è cresciuta come gli uomini, come gli alberi". È diventata una Macondo cilena: attorcigliata attorno a collezioni di polene, di conchiglie, di staffe, di quadri, di bicchieri, di navi in bottiglia. Collezione di collezioni nella casa-leggenda di Isla Negra. Collezione di rumori: il vento, le onde, i gabbiani, la famose campane sospese sopra l'oceano. Solo qui Mario Jimenez, il postino di Neruda, poteva sul serio registrare i suoni della natura, i ronzii delle api, il batter d'ala degli uccelli, i sette rintocchi delle campane, il fruscio fragoroso delle maree, il *clack-clack* delle chele dei granchi, perfino "le rotazioni degli astri siderei" nel cielo.
Il tempio di Isla Negra oggi è profanato da ondate di turisti. Io la visito, nella prigione di un circuito guidato di mezz'ora, in compagnia di una ragazza russa, di un'americana e di un cileno scanzonato. Bisogna restare qui la notte per perdere le parole di fronte alla forza dell'oceano e al silenzio che avvolge la casa in questo inverno australe.

"Valparaiso è segreta, sinuosa, fatta a gomiti". E ancora: questa città "apre le sue porte all'infinito del mare, alle grida delle strade, agli occhi dei bambini". Valparaiso ha scoperto che si può vivere anche in verticale. Le case sono palafitte in bilico sul vuoto, sull'oceano, sulle scarpate. A volte precipitano verso il mare. Allora si ricostruisce con gli stessi legni. Ascensori che sembrano crollare a ogni istante risalgono i *cerros*, le colline a precipizio della città più bella dell'America Latina. Quante scale ci sono a Valparaiso? "Quanti secoli di passi, a scendere e salire col libro, con i pomodori, col pesce, con le bottiglie, col pane? Quante migliaia di ore hanno consumato i gradini fino a scavare canali per cui corre la pioggia giocando o piangendo?"

Nella casa-atelier di Cecilia Lauga, pittrice naïf, passo ore a parlare di Neruda. Suo padre era l'idraulico del poeta. "Lo chiamava per niente - ricorda Cecilia -. Era fatto così: non c'era un tubo rotto da riparare. Voleva solo chiacchierare". Daniel Lauga, marito poeta di Cecilia, è un uomo scolpito dal vento: "Ha ragione chi le dice che qui si vive di poesia. Da mesi uno scrittore peruviano sta passando di casa in casa in questo quartiere. Si paga l'ospitalità con pagine di versi lasciati sul tavolo".

Mi prendono in giro? Nella notte del Cinzano, storico caffè cantante, ristorante che sa di tango e fisarmoniche, Manuel Fuentealba, vecchissimo cantore dai capelli tinti di lucido, mi prende sotto braccio e mi porta a respirare l'aria dell'oceano: "Don Pablo sì che sapeva vivere. Ci ha presi tutti in giro". Al caffè Color, i ragazzi lasciano frammenti di poesie sotto il vetro dei tavoli. Andrés, giovanissimo e simpatico, vende taccuini dalla copertina in legno lungo il paseo Atkinson, balcone sulla città-bassa. Sopra ha inciso il volto di Neruda: "Ma non lo sopporto. Troppo lirico, troppo fasullo".

Dalla casa di don Pablo (la sua terza casa surreale, dopo la Chascona di Santiago e Isla Negra: questa volta è in verticale, strizzata in un labirinto di corridoi e scale strettissime. Si chiama la Sebastiana) si sovrasta il porto di Valparaiso, si vedono le navi entrare e uscire. Lo sguardo si perde nella lotta perenne fra la nebbia dell'oceano e il sole che ondeggia sopra i *cerros*. Sì, Neruda sapeva vivere. Come "un marinaio in terra".
Edmundo Olivares, fotografo e biografo di Neruda, ha sessantanove anni. Lesse per la prima volta le poesie di don Pablo a tredici anni. "Era un uomo onnivoro, ingordo, goloso, universale, *machista*, ecologista". Come dire? Era tutto. E l'opposto di tutto. "Morì perché non voleva più vivere - dice Olivares -. Sapeva che dopo il *golpe* e la morte di Allende sarebbe venuto il tempo dell'odio e della violenza. Aveva negli occhi l'orrore della guerra civile spagnola. Si arrese in quel settembre del 1973".
Senza malinconie parlo con Olivares nella corte della Chascona, la casa di Neruda a Santiago (fu devastata dai militari nei giorni del *golpe*).
Voglio vedere la casa che nessuno ricorda, ho un indirizzo: Maruri 513, Santiago vecchia. Là si trova la pensione dove andò a vivere a diciassette anni quando arrivò per la prima volta nella capitale. Ma non esiste più. È stata abbattuta negli anni Ottanta. C'è una spianata vuota al suo posto, il terreno è in vendita. "Qui finiva la città - mi dice Mary Torres, vicina di quel numero scomparso -. Neruda ricordava bene: dal secondo piano di quella casa si vedevano le campagne". Qui ogni sera il ragazzo di Temuco, ottant'anni fa, si sedeva a guardare "il cielo imbandierato

di verde e carminio, la desolazione dei tetti della periferia, minacciati dall'incendio del cielo". Oggi, quasi di fronte, un'astrologa promette predizioni e buoni presagi per una manciata di *pesos*.

Cinquant'anni più tardi, nel 1971, quel poeta squattrinato e magrissimo faticò a indossare un frac. Era ingrassato. Un re gli consegnò un Nobel. Quel giorno, su quel palco seppe dire, ricordando la follia lucida di Rimbaud, parole che provarono a scuotere il mondo: "Soltanto con ardente pazienza conquisteremo la splendida città che darà luce, giustizia e dignità a tutti gli uomini".

Francisco Coloane

*Ho conosciuto Don Francisco,
scrittore grandissimo. Sono andato a trovarlo
nella sua casa di Santiago del Cile.
È uno dei ricordi più emozionanti della mia vita.
Don Francisco era un gigante, un uomo altissimo,
imponente, timido. Dalla barba bianca e dai capelli
lunghi e folti. Allora aveva quasi 90 anni.
Sapevo che era stato lui a leggere, con coraggio,
l'orazione funebre per Pablo Neruda,
morto nelle ore del colpo di Stato di Pinochet
contro il presidente Salvador Allende.
Sono stato a Quemchi, il suo villaggio natale
(era nato nel 1910) a Chiloé, isola di pioggia
e oceano, barriera frangi onde che protegge le coste
del Cile dalla furia dell'oceano Pacifico.
A 15 anni, Francisco Coloane era già un mozzo
sulle navi che percorrevano gli stretti canali
che segnano la frontiera fra l'oceano e la* cordillera *andina. La sua vita diventò un'avventura:
mandriano nelle* haciendas *della Patagonia,
baleniere nei mari antartici, cercatore di petrolio
nei fondali del Pacifico, gabbiere sulla corvetta*
Baquedano, *la nave scuola della marina cilena,
caposquadra nei grandi allevamenti ovini
alla Fine del Mondo.*

Nel 1941 quest'uomo, alto quasi due metri,
entrò, "con il passo barcollante tipico dei marinai",
nella Casa della Letteratura di Santiago del Cile.
Con lui fecero irruzione in quel ristretto
circolo di intellettuali annoiati le tempeste
e le onde del Pacifico.
La leggenda dice che, senza una sola parola,
lasciò su un tavolo due libri, L'ultimo mozzo
del Baquedano *e* Capo Horn.
Coloane divenne, così, il cantore delle terre
alla Fine del Mondo, il poeta dell'umanità
profonda della Patagonia, lo scrittore
dell'immensità del Pacifico.
È morto in un giorno di agosto del 2002, inverno
australe, e io spero che, dalle finestre della sua casa,
in quelle ore, si riuscisse, in qualche modo,
ad ascoltare il mare.

La scia delle balene

Bisogna vederle dal basso. Con la coda dell'occhio e la paura strozzata in gola. "Oggi è tranquillo", sussurra Fernando Avalos, palombaro dell'oceano, pescatore di molluschi sulla costa orientale dell'Isola Grande di Chiloé. Ma la sua faccia è bagnata, infreddolita, lo sguardo tradisce qualche ansietà. Noi, uomini di terra, dobbiamo proprio vederle dal basso le onde del Pacifico. Alte tre metri in un giorno di bonaccia, grandi come colline, irruenti come un'altalena impazzita. La barca di Fernando è solida, un legno robusto, una macchia gialla splendente in un mare cupo e ribelle: scala le onde come se volasse su un ottovolante, si arrampica e precipita, con il motore che rulla a vuoto, lungo dirupi d'acqua scura per avvicinarsi a scogli tormentati e lucenti.

A Punihil, grandiosa scogliera di Chiloé verso l'oceano aperto, sono tornati, dopo anni di assenza, i leoni marini, i pinguini affollano isolotti squassati dal vento, i cormorani, accanto ai loro nidi, appaiono indifferenti agli scrosci di pioggia. Il manto lucido e bagnato dei leoni di mare saetta oltre i confini fra cielo e oceano, la barca di Fernando annaspa per un attimo che non dimenticheremo: gli animali si gettano in acqua, lanciano strepiti in aria, scompaiono sotto onde nere. La terra e il mare, qui in un Cile che lascia senza fiato, sono creature vive, palpitanti, potenti. "È pericoloso, andiamocene", Fernando grida allarmato mentre ingoia gli spruzzi di un'onda che ci lancia verso gli scogli. Ruota, con abilità, il timone e la barca afferra il dosso di un'altra montagna d'acqua per farsi condurre, in una corsa folle, al riparo della baia di Punihil dribblando ostacoli sommersi contro i quali il Pacifico scatena la sua furia. I leoni di mare giocano tranquilli con questa violenza e sembrano farsi beffe di noi, uomini intrusi nel loro regno di tempeste.

I palombari di Chilo

Fernando, il pescatore di molluschi, nei brevi mesi dell'estate australe, cambia mestiere: rinnega la maschera e il boccaglio e accompagna i visitatori agli scogli dei pinguini e dei leoni marini sfidando l'ira dell'oceano. L'Isola Grande di Chiloé, scoperta dal turismo, sta cambiando in fretta, ma continua a riflettere, come un'impronta fedele, il suo passato e le pagine emozionanti del suo figlio-scrittore, Francisco Coloane. "Le isole si sgranano come collane di perle - dice e scrive Coloane - da Vancouver all'estremo Sud del Pacifico non esiste altro mare più bello e mite dell'arcipelago di Chiloé".
L'Isola Grande "è un lungo e alto bastione che protegge le sorelle minori dalla furia dell'oceano. È un formidabile frammento di cordigliera costiera disposto come un gigantesco frangiflutti in mezzo al Pacifico".

Chiloé è lo scheletro superstite di montagne andine perdute: qui la geografia del Cile va in pezzi, la morfologia è priva di senso. Catastrofi geologiche e i giochi arroganti e superbi dei ghiacciai hanno modellato golfi, insenature, stretti, canali contorti, labirinti inestricabili di isole, fiordi che si annodano come serpenti. Oceano e Ande qui si sono sfidati per milioni di anni e si stanno sfidando ancora oggi.
Chiloé è l'ostaggio di queste forze immani e i suoi uomini sono modellati da questa potenza. Ed Erwin Saldivia ne è la prova, la testimonianza perfetta.
Erwin è un colosso dai grandi baffi. Sul suo petto è tatuato un serpente attorcigliato: l'animale sembra distendersi a ogni respiro dell'uomo. Anche Erwin è un palombaro, cacciatore di molluschi e crostacei, frutti di mare e mitili grandi come una ciabatta. La sua vita è appesa al tubo giallo che collega il boccaglio al compressore dell'aria. La sua vita è nelle mani e nei riflessi del suo assistente, Mario, uomo magro e senza denti, ribattezzato il *Chimango*, "l'uccello giallo". La tuta subacquea è gomma ritagliata da qualche copertone. Erwin affonda, con la sua spatola di ferro e il suo arpioncino, a venti, trenta metri di profondità. Raspa rocce sommerse, agguanta il prelibato *loco* dalla polpa bianca e dalla conchiglia a forma di cappello di gnomo, raccoglie le pregiate *huepo* con le valve a forma di coltello, afferra i succulenti ricci di mare dagli aculei lunghissimi: riempie il *chinguillo*, il pesante canestro di ferro e dà due strattoni alla corda. Mario, con gesti esperti, tira a bordo il bottino di molluschi. Erwin riemerge dai fondali dell'oceano soffiando come un dinosauro di mare.

Il padrone della barca tratterrà per sé i due quinti della pesca di ogni giorno. Camion frigoriferi trascineranno i frutti di mare dell'oceano di Chiloé verso gli aeroporti internazionali. Erwin non emigrerà a cercare fortuna in altre terre, come per un secolo hanno fatto i *chilotes*, gli abitanti dell'isola, ma il suo lavoro è sfiancante, rischioso, sfibrante.

La raccoglitrice di alghe

Chiloé è ancora un'epopea di uomini e donne dalla vita dura e tenace. Luz María, ogni mattina, approfitta dell'infinita marea dei mari interni dell'Isola Grande per spingersi fra gli scogli riemersi dell'isolotto di Aucar che, all'alba, si trasforma in una irreale penisola.

Per Coloane la terra di Aucar è "l'anima dei marinai", luogo di tranquilla e sfolgorante bellezza, ma per Luz María è lo scenario della sua fatica quotidiana di raccoglitrice di alghe. Ore e ore ad ammassare erbe sottomarine, a caricare sacchi e sacchi di *luche*, a spezzarsi la schiena per distendere al sole queste alghe color del fango nell'attesa che arrivi, come ogni settimana, l'uomo del camion a comprarsele.

Se la pioggia avrà risparmiato Chiloé almeno per un giorno, Luz María venderà le sue alghe seccate a 120 pesos al chilo, altrimenti la sua fatica verrà ricompensata con soli 25 pesos: nessuno vuole le alghe ancora fradice di acqua di mare. L'uomo del camion le spiega che, in Giappone, trasformeranno le alghe in profumi e creme di bellezza. Luz María ogni volta annuisce con indifferenza, si toglie la melma dagli stivali, intasca quei soldi miserabili e monta a cavallo: durante il giorno dovrà dissodare i campi delle patate, concimati con le foglie verdi della *lamilla*, un'altra alga dei fondali sabbiosi dell'isola.

Contadini e marinai, *gauchos* e navigatori, donne solitarie e uomini dai silenzi immoti: Chiloé è la geografia di un'umanità autentica e testarda.

Il cercatore d'oro

Anche Carmelo Gómez, ogni giorno, si sveglia prima dell'alba, indossa un telo impermeabile giallo, il *traje de agua*, sopra un poncho di lana ruvida e sella il suo cavallo con una coperta consumata. Tre ore al trotto lungo la turbolenta scogliera del Pacifico. La sua famiglia, il figlio, una giovane donna e una bambina di pochi anni avvolta in uno sdrucito maglione rosso, lo accompagna. Deve accompagnarlo: l'uomo, da solo, non potrebbe farcela.

Carmelo è uno degli ultimi cercatori d'oro del Cile: ha sessantaquattro anni, vive a Cucao, costa orientale di Chiloé, terra di piogge perenni, di una natura avvolgente dove le foglie a ombrello del *pangue* (*Gunnera tinctoria*) nascondono gli uomini sotto la loro ombra e le onde del Pacifico slittano su lunghissime dune di sabbia.

"Il nostro oceano sembra aver trovato il suo cortile di giochi nella mezza luna della spiaggia di Cucao", ha scritto Coloane. L'oceano sbatte con furia contro un bagnasciuga di ciottoli, la pioggia è un sipario di umidità che fa rabbrividire. Carmelo scava con la pala buchi profondi proprio là dove le onde vanno in frantumi. La risacca accumula poltiglie nerastre, il Pacifico lava, con violenza, le sabbie aurifere. Il figlio di Carmelo sistema la fanghiglia

su un setaccio ondulato di rame. La donna riempie secchi d'acqua di mare e li rovescia in un rozzo cassettone di legno. L'acqua ruscella lungo una canaletta di legno. Carmelo, con le mani, setaccia febbrilmente la sabbia alla ricerca di infime pagliuzze dorate.
Il lavoro della famiglia di cercatori durerà tutta la mattina fra il freddo e il vento. Carmelo userà mercurio e cianuro per isolare e pulire una invisibile pallina d'oro. Cinque, sei grammi di metallo prezioso: oggi è andata bene, la famiglia può tornare verso casa, verso il tepore di una stufa dove Carmelo, per togliere le ultime impurità, arroventerà l'oro prima di venderlo a Umberto, l'unico mercante di Cucao, che lo conserverà in piccoli fazzoletti appallottolati.

La mitologia dell'Isola Grande
"Appaiono di notte. Ogni settimana, quasi sempre di martedì", Adele Ampuero è precisa come solo può esserlo una donna di ottant'anni. Lei ci crede, lei li ha visti. Lei vive a Quicavi, il villaggio di pescatori dove si trova, ben nascosta e sorvegliata dall'*imbunche*, un'orribile custode deforme, la grotta dei *brujos*, la caverna degli appuntamenti notturni delle streghe di Chiloé. Un cavallo marino è il corriere che convoca gli incontri settimanali di questi stregoni maligni.
Adele giura di scorgere, nelle notti australi, i *brujos* volare dalle falesie di Quicavi fino alle spiagge più isolate, agli scogli più remoti. "Sono anelli di fuoco, luci nell'aria - dice Adele - che volano rapidamente, quasi in fila indiana". Bisogna credere alla vecchia: suo marito, per trent'anni,

ha fatto il giudice del villaggio e Adele ricorda ancora un'altra notte, di oltre quarant'anni fa: "I poliziotti avevano catturato '*leco*', uno degli stregoni più potenti dell'isola. Lo portarono da mio marito e lo rinchiusero in una cella. Per sicurezza lo incatenarono. Non poteva muovere un solo dito. Ma quell'uomo era un demonio o un dio: dalla casa sentimmo un rumore come se il vento avesse spalancato una porta. Corremmo alla finestra e vedemmo *leco* volare via, sparire nel cielo nero, come una cometa luminosa. Nella prigione trovammo solo le catene".

La solitudine, la potenza della natura, le infinite tempeste degli inverni australi hanno modellato, a Chiloé, un fantastico universo mitologico. Coloane ha intessuto pagine struggenti con queste leggende straordinarie. Nei mari dell'Isola Grande veleggia davvero il *Caleuche*, il vascello fantasma, la nave miraggio, il galeone bianco dalle ancore d'oro e l'equipaggio di stregoni, una ciurma che danza, nelle notti senza luna, al suono di una musica ossessiva. La *pincoya*, invece, è una donna-sirena: è bellissima, si specchia nei fiumi di Chiloé e si spinge fino al mare, si liscia i capelli con un pettine d'oro e quando si arrabbia fa scappare i pesci.

I pescatori di Ancud, di Castro, di Quemchy, di Quellon lo sanno e allora organizzano baldorie festose per far tornare l'allegria alla sirena. Nei boschi di Chiloé galoppa un meraviglioso unicorno che le donne dell'isola, con un laccio di sargassi, cercano di catturare per grattare, dal suo corno, una polvere miracolosa. Il *trauco* è uno gnomo nerboruto, alto poco più di un metro: corre per la boscaglia impugnando un'accetta di pietra, le sue vesti sono "come una vampata luminosa". "È un violentatore di donzelle", spiega Coloane. E, infatti, Pedro Nauto, il ragazzo senza padre, protagonista de "*La scia della balena*", grande libro dello scrittore *chilote*, lascia l'Isola Grande, abbandona il villaggio natale di Quemchy, perché veniva beffeggiato dai suoi amici che lo ritenevano figlio del *trauco*.

La fuga di Coloane

Pedro Nauto fugge da Chiloé a tredici anni. S'imbarca su una baleniera e insegue, oltre la Terra del Fuoco, nei mari di ghiaccio, le scie del più grandioso fra gli animali degli oceani.

È lo stesso cammino di Coloane: anche lui se ne andò da Quemchy da ragazzo e si perse nella Patagonia. Scavalcò lo Stretto di Magellano, il passaggio di vento e onde "che taglia la coda del continente americano" e si smarrì, al di là del canale di Drake, fra gli iceberg del mare di Belligshausen e i "chiarori lattiginosi" dell'Antartide.

La discesa verso il Sud del Cile è di una bellezza sconvolgente, "una bellezza fredda, crudele, ma la cui luce" apre "la speranza di un possibile aldilà". "Né Dio, né il diavolo si raccapezzano tra i labirinti di isole, canali e canaletti" che disegnano il rompicapo dei fiordi cileni.

La motonave *Puerto Eden*, vecchio traghetto finlandese, varato nel 1971, salpa da Puerto Montt e per quattro giorni scivolerà fra il rosario spezzato delle isole cilene, avvolte da perenni nuvole basse e fuggenti. Il viaggio terminerà 1.461 chilometri più a sud, a Puerto Natales, al centro del canale dell'*Última Esperanza*.

Ultima Speranza? Gli uomini della Patagonia non avevano

dubbi quando dovevano scegliere i nomi dei loro luoghi. La nave dalle fiancate rosse e con il suo carico di vacche e pecore si inchina davanti alle onde del Golfo di Penas. Il capitano Elodoro Barria García controlla i dati che i computer di lontani centri oceanografici inviano al ponte di comando della nave: questa volta il Pacifico scaglierà onde alte "solo" sei metri. Coloane, settanta anni fa, non aveva simili strumenti di controllo: si navigava e si naufragava con l'audacia sprezzante e rassegnata dei pionieri. Il capitano García, invece, oggi ha un sorriso rassicurante, ma i suoi marinai avvertono comunque i passeggeri, chiudono gli oblò, sigillano ogni armadietto, rafforzano le cime e le corde, controllano i tiranti che bloccano i camion parcheggiati sul grande ponte: l'oceano accoglie la *Puerto Eden* con onde che sgroppano come "balene che lottano" o che fanno l'amore.

La fine del mondo

Il ghiacciaio della laguna di San Rafael precipita dalle nevi perenni del *Hielo Continental* andino. Come vele gelate, iceberg galleggiano su un'acqua color del freddo. Sono blocchi immensi che si staccano, con rombi di tuono, dalle pareti del ghiacciaio e navigano, senza pace, fra i fiordi del Cile. I raggi del sole trapassano "con fugaci arcobaleni" le iridescenze violacee di questi iceberg abbaglianti, lucenti come "sinfonie di colori e musica".

Il canale Messier, annunciato dal faro di San Pedro, si incunea nel dedalo delle isole australi del Cile. Qui la cordigliera delle Ande è andata in pezzi, è crollata nell'oceano Pacifico assieme ai suoi ghiacci e ne sbarra la terribile violenza. "All'entrata del canale la corrente si gonfia come una vena stretta in una morsa" e davanti ai passeggeri infreddoliti della nave "si spalanca un mondo sconosciuto, incontaminato, dove l'uomo resta colpito dalle dimensioni ciclopiche della natura".

La *Puerto Eden* può, adesso, navigare con maestosa lentezza, tra migliaia di scogli colonizzati da "una vegetazione irregolare di roveri contorti, muschi, felci e torbiere verde scuro che screziavano il grigio della pietra".

I boschi sembrano affondare le radici nelle acque gelide. I canali si succedono ai canali, il vecchio traghetto ansima in un continuo zigzagare fra gli isolotti. L'*angostura Inglés*, la strettoria Inglese, è un passaggio di sogno e pericolo. "Qui non possono incrociarsi due navi", dice il capitano García, salito sul ponte proprio per sorvegliare la manovra del suo scafo. Lo sapeva anche Coloane: "Se passano due navi, una sarà costretta a naufragare".

Il traghetto sfiora il relitto del *Capitán Leonidás*: trentadue anni fa questa nave trasportava zucchero e si incagliò nelle secche della "esse" dell'*angostura Inglés*.

La *Puerto Eden* fa una sola sosta nel suo infinito viaggio verso sud: getta l'ancora nel villaggio dal quale prende il suo nome. È il luogo più remoto e solitario di queste terre australi: gli abitanti di Puerto Eden, boscaioli e pescatori di molluschi accampati sulle sponde occidentali del *Paso del Indio*, non hanno smarrito nella loro solitudine, una seria ironia quando spiegano che "qui piove 366 giorni l'anno".

Non ci sono strade, non ci sono auto a Puerto Eden: solo duecento uomini e donne, una cortina incantata di umidità, una natura lussureggiante e, a un passo, il ghiacciaio Pio XI, il più imponente dell'emisfero Sud della Terra, che scivola nella Bahia Elizabeth. Scrive Coloane: "il navigante ha la sensazione di poter ritrovare qui il paradiso perduto".

Durante la sosta tre barche a remi si avvicinano al traghetto: sono gli ultimi superstiti degli *indios* alacaluf, "gli uomini occidentali dai coltelli di madreperla", che salgono a bordo per vendere ai passeggeri piccole canoe costruite con corteccia di larice. Altre storie di popolazioni indigene travolte e massacrate. Per loro non c'era rifugio nemmeno alla fine del mondo.

Gli alacaluf, prima di scomparire, ci hanno regalato un'ultima, fragile leggenda: la storia di "*Schiuno*, il vento" che sposò "*Océn*, la balena" ed ebbero un figlio "*Schiunoktau*, il colibrì". I mari della Patagonia, per lunghi momenti, riflettono una tristezza che non può essere colmata. Tutto è estremo a queste latitudini, la malinconia come l'ebbrezza. Il capitano García, con voce lenta, dà ordine di salpare dalle lontananze di Puerto Eden. Guidati da Francisco Coloane siamo arrivati agli ultimi scogli del continente americano. Il sole filtra, attraversa nuvole "simili a dinosauri" e fa scintillare i tetti di zinco di Punta Arenas, "la città più australe del mondo".

Il vento inarrestabile della Patagonia piega la geografia: soffia senza tregua, a raffiche, a strattoni, a folate che, da sempre, volano da ovest verso est, da occidente verso oriente. Qui il vento modella l'uomo e le sue storie.

Coloane non si fermò in un approdo sicuro, gli uomini come lui non vi riescono, sono attratti dagli orizzonti: da

Punta Arenas indirizzò le sue vele verso i ghiacci dell'Antartide. A noi restano i paesaggi di sogno dell'insenatura dell'Última Esperanza, della baia Inútil, del canale Beagle, dell'isola Navarino, degli scogli irraggiungibili di Capo Horn, delle mareggiate di gelo dello stretto di Magellano. A noi rimangono i miraggi e le illusioni della scia delle balene che si perdono negli oceani.

Si sta in piedi, alla fine del mondo, con i pugni serrati e gli occhi chiusi "guardando dentro, per ammirare la bellezza e il dolore di quanto è stato creato su questa sottile crosta terrestre".

Sandokan

"La notte del 20 dicembre del 1849, un uragano violentissimo imperversava sopra Mompracem, isola selvaggia, di fama sinistra, covo di formidabili pirati..."
Comincia così la prima delle centocinquanta puntate delle avventure di Sandokan, apparse, fra il 1883 e il 1884, sulla Nuova Arena *di Verona. Yanez, fido compagno di Sandokan, in quella notte, era atteso sull'isola. Sandokan, il pirata più temuto dei mari della Malesia doveva avere attorno ai trent'anni. Noi sappiamo solo che Yanez era poco più vecchio di lui. Sarà lo stesso Yanez a rivelarci frammenti della vita, altrimenti sconosciuta, di Sandokan: doveva essere nato nel 1819, figlio del* rajah *di Kaidagan, uno dei signori del Nord del Borneo malese. Il giovane Sandokan doveva avere meno di vent'anni quando la sua famiglia fu sterminata da una banda di dayak ribelli sobillati dai colonialisti inglesi. Solo Sandokan sfuggì al massacro, vagò nella giungla, si arruolò nell'esercito dello* sharif *Osman, nemico del* rajah *bianco James Brooke. Sandokan, rivela Yanez, ha combattuto, nell'agosto del 1845, nella battaglia di Muluder: qui la flotta britannica sconfisse i patrioti di Osman.*

Sandokan scampò nuovamente alla morte
e trovò rifugio a Mompracem, divenne un pirata e,
per tre decenni, sfidò la potenza navale inglese.
Coraggiose e straordinarie le sue avventure,
sfortunata la sua vita: vivrà solo un anno
con l'amata Marianna. Il colera porterà via,
senza pietà, la Perla di Labuan.
A 55 anni, a leggere gli ultimi manoscritti
di Emilio Salgari, Sandokan è in India: è accorso
in aiuto di Yanez e del regno dell'Assam.

Salgari non finirà la saga del suo pirata.
Fra il 1907 e il 1911 scrive diciannove romanzi,
la moglie si è gravemente ammalata: è un uomo
stremato, disperato, deluso, non può far altro
che spezzare la sua penna. Si uccide,
dannando i suoi editori, il 25 aprile del 1911.
Sandokan, a dar retta ai modesti epigoni di Salgari
(sono 15 i romanzi apocrifi), sopravvisse alla morte
del suo creatore. Il pirata combatte ancora.
Per altri cinque anni.
Gli inglesi, alla fine, minano Mompracem
e Sandokan non abbandona la sua isola. Anche
se avrebbe potuto, il pirato non fugge: scompare
nell'esplosione che devasta la terra che più amava.

Ritorno a Mompracem

Sbarchiamo a Mompracem sulla coda di un tifone. Abbiamo atteso per ore a Labuan che la tempesta si calmasse. La furia delle onde non voleva placarsi. La pioggia tropicale era incessante. Perché stupirsi? Anche in quella notte del 20 dicembre del 1849, quando cominciarono le più celebri fra le avventure dei pirati della Malesia, “imperversava un uragano violentissimo” e “nere masse di vapori” correvano nel cielo come “cavalli sbrigliati”.

Sbarchiamo a Mompracem, l’isola di Sandokan, “isola selvaggia e di fama sinistra, covo di formidabili pirati”. Il pontile sotto il faro è marcio, le assi sono scivolose e malconce. Le onde di marea stanno riconquistando la spiaggia. La foresta, oltre gli scogli, è color verde cupo e le grandi felci luccicano di umidità. Non c’è la rupe da dove Sandokan scrutava gli orizzonti dei mari della Cina, non c’è il villaggio dei tigrotti della Malesia, non c’è la capanna-reggia che ha ospitato Marianna, ma questa è davvero Mompracem. È l’isola delle tigri della Malesia, l’isola descritta mille volte da Emilio Salgari nelle centocinquanta puntate del suo primo romanzo che apparvero sulla *Nuova Arena* di Verona fra il 1883 e il 1884. Da allora Mompracem divenne l'isola dei sogni ribelli di ogni ragazzino d'Italia. Ora le mie mani raccolgono la sua sabbia, i miei piedi saltano di roccia in roccia, i miei occhi avvistano il volo quasi invisibile di un grande uccello dalle ali nere. Questa è l'isola che non avrebbe dovuto esserci. Ci arrampichiamo, in mezzo alla foresta pluviale: andiamo su, verso il faro. Mompracem non era nata nella fantasia di uno scrittore veneto, mancato capitano di lungo corso, che mai aveva navigato sui mari orientali. Era realtà: non avrei mai creduto di poter arrivare fino a qua.

Isola strana, Mompracem. A vederla dall'alto assomiglia a una immensa razza, a un pesce a forma di rombo che galleggia, a pelo d'acqua, nella baia del Brunei, fra le coste del Borneo e le spiagge di Labuan. Una lunga coda di sabbia e di scogli sommersi si protende in mezzo al mare. Le onde si infrangono contro questa barriera. Isola vicina: mezz'ora di barca veloce dalle banchine di Victoria, capitale di Labuan. È attorniata da altre piccole terre: ecco dov'è la rupe, ecco quella roccia, "altissima, tagliata a picco sul mare". Non è a Mompracem, ma è un altro l'isolotto di pietra che si alza sopra le onde: un piccolo golfo, un anfratto marino, uno scoglio impervio che vola ripido verso il cielo. C'è Sandokan lassù? C'è il pirata che guarda "lontano, lontano, verso l'Est"? Verso Labuan, verso la sua Marianna?

L'isola ritrovata

Gioco intrigante, questo della ricerca della vera storia di Sandokan. Per decenni e decenni, Mompracem è stato so-

lo il luogo del mistero e della fantasia. Folco Quilici, nel 1985, richiuse sconfortato ogni atlante: l'isola, per lui, non esisteva. Ignorava che un giornalista italiano, Giulio Raiola, quindici anni prima, aveva già scoperto che Mompracem non era un'illusione. Anzi, Raiola, salgariano appassionato, aveva murato perfino un targa sulla spiaggia dell'isola. "E io quella targa l'ho vista - racconta Alfred Lim, sessantadue anni, cinese di Labuan, per oltre trent'anni guardiano dei fari di tutto lo stato malese di Sabah, estremo Borneo orientale -. Dieci anni fa c'era ancora, semimangiata dalle onde, quasi illeggibile". Oggi il mare e le piogge tropicali hanno divorato quella vecchia scritta.
Mompracem non la conosce nessuno in questi mari. Ben si capisce: è scomparsa dalle carte alla fine dell'Ottocento. Ha cambiato nome: è diventata Keraman, paulau Keraman, "l'isola che scompare". Tifoni e onde, ad ascoltare i racconti dei marinai malesi, stanno mandando in briciole questo scoglio.
Ci avevano detto che l'isola era deserta: i marinai della nostra barca tacciono quando scopriamo due villaggi di palafitte. Sono immigrati clandestini filippini sull'isola dei pirati. Almeno cinquanta famiglie, centocinquanta persone. Non ci sono più i feroci dayak di Sandokan, ma poveracci in cerca di un'altra vita.
Raiola, trent'anni fa, vi aveva trovato una sola famiglia di pescatori. Alfred Lim, seduto a un bar di Labuan, ha un ricordo improvviso: "Sì, un inglese, un ingegnere che stava controllando il funzionamento del faro, venticinque anni fa, mi disse che quell'isola si chiamava Mompracem". Per noi, queste sono prove su prove.

Stella Moo-Tan è la responsabile del dipartimento di storia del museo di Kota Kinabalu, capitale dello stato di Sabah. Non sa nulla di Sandokan, di Mompracem, di Salgari. Ma i suoi occhi, durante una cena popolata di pirati, di ammiragli inglesi, di *rajah* bianchi, si accendono di curiosità e di sorpresa. All'alba ci chiama. Corriamo al museo. Sul suo tavolo una decina di antiche mappe arrotolate. Sono carte di metà Ottocento. Inglesi, olandesi, portoghesi, perfino francesi. Le srotola davanti a noi: Mompracem vi appare dovunque. A volte con qualche differenza ortografica, ma, anche se è uno scoglio minuscolo, è disegnata perfino sulle cartografie dell'intero Sud-Est asiatico. Quasi fosse una terra strategica. Appare, spesso, come più importante della grande Labuan (che allora, a volta, è chiamata Tigaon). Attorno a questa isola le navi dovevano rallentare e ruotare per entrare nella calma delle acque della baia del Brunei. Luogo ideale per le sentinelle dei pirati. Del resto, Maxwell Hall, autore, quarant'anni fa, di una guida a Labuan, aveva già scritto che quegli scogli popolati di grandi uccelli, a ovest dell'isola, erano "antichi rifugi di corsari". Stella Moo-Tan è raggiante. Comincerà a leggere Sandokan e a studiare Salgari. Noi abbiamo davvero ritrovato l'isola dei nostri sogni.

La Perla di Labuan

Labuan non è più la stessa. Gli inglesi se ne impossessarono nel 1846 (Salgari sbaglia di un anno la data): avamposto nel mar Cinese del Sud, ricca di carbone, l'isola era una base perfetta per la lotta contro Sandokan e i pirati. Gli ammiragli della flotta britannica potevano controllare le coste del Borneo e imporre le loro leggi e le loro tasse ai sultani di Sabah. La Tigre della Malesia, ansioso di ammirare Marianna, "creatura meravigliosamente bella", nipote adolescente, dalle origini italo-inglesi, di lord James Guillonk, "capitano di vascello di Sua Maestà la graziosa imperatrice Vittoria", vi sbarca di nascosto. Occulta il *praho*, la barca dei mari della Malesia, "sotto l'oscura ombra di grandi alberi" e si perde in una foresta "vergine". Barriere di "tronchi colossali caduti per decrepitezza", "fitte reti" di *calamus* e *nepentes*, la pianta carnivora, un labirinto di "centomila radici", ostacolano il cammino verso il palazzo della Perla di Labuan. Ma Sandokan e i suoi pirati, senza esitazioni, si "cacciano sotto le piante del pepe, i cui rami erano carichi di grappoli rossi", "sotto gli *artocarpus* o alberi del pane e gli arenga, fra le cui foglie svolazzano dei battaglioni di lucertole volanti". Sostano al riparo di un "colossale *durion*, le cui frutta deliziose, irte di punte durissime, si agitavano sotto i colpi di becco di uno stormo di tucani". A Labuan volavano, allora, "colombe coronoate", "tucani dal becco enorme e dal corpo scintillante di piume rosse e azzurre", capaci di emettere suoni come cigolii di "un carro male unto".

Sono splendide le "belle alude con le penne color turchese". E ancora: "scimmie dal naso lungo", le nasica dalla "voce rauca" e "dall'appendice rossa, screpolata, come se vivessero esclusivamente di liquori inebrianti": fuggono "con grida di spavento" all'apparizione di Sandokan e Yanez.

Bella era davvero Labuan, bella, viva, avvolgente come ancora oggi è la superstite foresta del Borneo, la *rain forest*, che, nei luoghi più impervi dell'isola, cerca di resistere al-

l'aggressione delle motoseghe e dei bulldozer senza scrupoli dei *tycoon* del legname.
È passato un secolo e mezzo dal rapimento di Marianna: Labuan oggi è un'isola di affari, di commerci di alcolici, un paradiso fiscale *tax-free*, porto *off-shore* per banche e compagnie di assicurazioni. I musulmani e i tecnici stranieri del petrolio del sultanato islamico del Brunei vi sbarcano, come un esercito compatto, per *shopping*, per fare soldi, per andare a donne, per bere birra in santa pace. I tramonti da estasi equatoriale, ora, si riflettono, non su alberi immensi, ma sui vetri scuri dell'hotel Sheraton e dei grattacieli del Financial Park Complex. Ma, a ben cercare, nel giardino botanico di Victoria, c'è ancora una tomba corrosa dalla pioggia e dalla salsedine. Qui è stato sepolto il marinaio Adam Sutherland, sergente della *Royal Marines*, trafitto dalla spada o da una palla di fucile di un pirata malese. Ucciso da un tigrotto di Sandokan?

Il nipote di Sandokan

Esiste Mompracem, esiste Labuan. E se Salgari non si fosse inventato niente? Se i suoi romanzi non fossero esotismo di fine secolo, ma fantastico racconto di storie realmente accadute? Se Sandokan pirata crudele per gli inglesi, eroe e condottiero per la gente di Sarawak e di Sabah, le due regioni del Borneo malese, fosse realmente esistito? Ne è certa Bianca Maria Gerlich, giovane ricercatrice tedesca, donna romantica al punto da venire a Verona ogni anno per portare una rosa sulla tomba di Emilio Salgari. Lei, dopo due anni di viaggi per le isole e le foreste del Borneo, dopo mesi e mesi di studio nelle biblioteche di Kota Kinabalu e di Kuching, capitale del Sarawak, è sicura: "Salgari era consapevole di elaborare in forma romanzesca una situazione storica".

Dobbiamo trovare i discendenti di Sandokan. Bianca Maria Gerlich ci mette sulla buona strada: "Andate a Sandakan, andate a visitare la più importante grotta dei nidi di rondine della regione".

Sandakan? Nidi di rondine?

Sandakan (il suo nome vuole dire "il luogo del pegno non rispettato") è una città della costa orientale del Borneo: città ricca, porto del legname e della copra, sul mar di Sulu. Qui i mercanti cinesi della Malesia hanno fatto soldi a palate tagliando la foresta: i primi tronchi servirono, nel 1885, per costruire il Tempio del Paradiso, a Pechino. Qui, secondo le guide, vi è la più alta concentrazione di miliardari al mondo. Oggi Sandakan è accerchiata da piantagioni di palma da olio: la foresta pluviale, oramai, è solo un ricordo.

Salgari non potrebbe aver semplicemente copiato il nome del suo eroe dalla città?

Peccato che l'inglese William Pryer l'abbia fondata solo nel 1879 (lo scrittore aveva appena diciassette anni) e l'abbia chiamata Elopura, "la bella città". Ai tempi dei primi romanzi di Salgari era celebre fra i marinai degli oceani asiatici per i suoi venti bordelli cinesi e per le sue settantuno prostitute giapponesi. Ma era altrettanto vero che per la gente delle isole Sulu, quella regione era davvero conosciuta, da almeno due secoli, come Sandakan. E Salgari avrebbe potuto saperlo. Ma noi preferiamo credere che Abdul Rahman Bin Datuk Seri Panglima sia il discendente diretto di Sandokan.

Abdul Rahman indossa lo zuccotto bianco di chi ha appena compiuto il pellegrinaggio alla Mecca. È un *haji* e anche un *pengiran*, un notabile del Borneo. Ed è anche ricchissimo. La sua casa è immensa, nelle stanze ripiene di ninnoli e diplomi, decine e decine di persone aspettano di essere ricevute. Ha casa a Londra e a Ryad. Possiede una flotta di *landcruisers* ed è protetto da uno stuolo di guardie del corpo.
Abdul Rahman ha la concessione di una delle sette grotte di Gomantong, caverne dell'interno, rifugio di milioni di rondini che qui da sempre costruiscono incessantemente i loro nidi. La famiglia dell'*haji* è sempre stata proprietaria di queste grotte. Il capostipite di questa fortuna si chiamava Sandukur (o Sandukung) ed è vissuto centocinquanta anni fa.
Andiamo con ordine: Abdul Rahman, seduto su una poltrona di tessuto giallo, indossa un dimesso abito grigio e sorride con occhi inespressivi. Dietro la sua mitezza vi è la storia di questa parte dell'Asia. I nidi di rondine sono un affare da miliardi. I ragazzi del fiume Kinabatangan si arrampicano per lui nel vuoto della grotta. Volano fino al soffitto, resistono alla puzza del guano, alle vertigini, e raccolgono, tre volte l'anno, per un pugno di soldi, i nidi costruiti con le piume e la saliva dalle rondini. Sono una prelibatezza per i palati cinesi. E costano una follia: 2mila ringitt (500 euro) al chilo per "i nidi sporchi", 7mila ringitt per i nidi puliti di escrementi e rametti: pura saliva di rondine. Ogni raccolto, dodici giorni di equilibrismi e paure a trecento metri dal suolo, vale 4mila chili.
Fate pure i conti: sono due milioni di euro. Tre volte l'anno.
Abdul Rahman, sorriso prudente, gesti veloci, occhi d'astuzia, guarda il libro di Salgari che gli abbiamo portato:

osserva il disegno del volto del pirata. Annuisce: “È possibile che davvero sia il mio antenato”. Del resto, vanto della famiglia e della gloria dello Stato di Sabah, è il *pengiran* Digadong Samah che, nel 1884, sfidò l’arroganza inglese e della *Chartered Company* britannica che pretendeva di imporre i suoi dazi sui commerci della regione. Samah morì, sulle sponde del fiume Kinabatangan, all’incrocio con il placido e melmoso torrente Menugal, il fiume che scorre fino alle grotte, combattendo contro i soldati del governatore coloniale William Treacher che voleva impossessarsi dei suoi nidi di rondine. E Samah era il nipote di Sandukur, il primo proprietario della grotta di Gomantong.
Abdul Rahman, con i suoi quattro figli, è il discendente diretto della Tigre della Malesia?

Il villaggio sul fiume
Risaliamo il fiume Kinabatangan fino alle capanne di Sukau. La foresta si fa meravigliosa. Il caldo inzuppa le camicie, il respiro è mozzato nei polmoni. Navighiamo in bolle di superba umidità che sembrano nascere dai tronchi, dai muschi, dal ventaglio delle felci. Gli alberi, alti fino a sessanta metri, sembrano piegarsi sulle acque color verde cupo.
Questa è la foresta pluviale: un caos irraccontabile di specie differenti, di tonalità di verde, di suoni e rumori che si rincorrono, di piante che crescono una sull’altra in un *puzzle* vegetale inestricabile. In dieci ettari di giungla del Borneo ci possono essere fino a ottocento tipi diversi di alberi. E il fiume Kinabatangan è terra di scimmie nasica, che volano di ramo in ramo, piegano i tronchi aerei dei ficus e si

arrampicano sulle cortecce screziate di alberi-grattacielo. Sam Abdullah, la nostra guida fra la foresta che accerchia il villaggio di Sukau, è stato chiaro: "Ho parlato con un vecchio del fiume, un *boat-man* che conosce ogni segreto di queste terre. Lui sa dov'è il villaggio di Sandukur".
All'alba, quando nebbie di umidità si levano sulla foresta tropicale, un ragazzo, con una lunga pertica, conduce la nostra barca verso una sponda di fango e bambù. Hussein Bin Kapar, giovane pescatore, ci fa sbarcare nella melma di un antico cimitero: le tombe sono tronchi quasi calcificati, la foresta secondaria sta riconquistando ogni spazio, gli elefanti hanno divelto i ripari.
"Ma questo posto non è abbandonato - dice Hussein - ci sono ancora gli spiriti della vecchia gente di Malapi".
È il villaggio degli avi di Abdul Rahman. Qui è sepolta Adora, la madre di Sandukur. Fu lei a rivelare al figlio il segreto delle grotte di Gomantong: lui, messo sul giusto sentiero, inseguì un cervo misterioso che lo condusse fino alla caverna. Sandukur sfidò gli inglesi pur di difendere i suoi diritti sui nidi di rondine?
Bianca Maria Gerlich ne è sicura: la Tigre della Malesia era nata in territori sotto il controllo indiretto dei sultani di Sulu (che vantavano diritti sulla regione di Sandakan) ed era amico di *sharif* Osman, il signore del golfo di Murudu, baia estrema del Borneo orientale.
Osman è un eroe nazionale a Sabah: mercante e corsaro, acerrimo e feroce nemico degli inglesi e del *rajah* bianco James Brooke, il signore del Sarawak. Sandokan era un suo fedele alleato?
L'ultima battaglia dello *sharif* fu combattuta nella baia di

Murudu: il 17 agosto del 1845 una flotta britannica violò le sue fortezze marine e sterminò i suoi tigrotti. Già, i suoi tigrotti: sapete che bandiera alzò al vento dell'Equatore lo *sharif* Osman? Una bandiera rossa con al centro la testa di una tigre.
Sapete quale bandiera sventola nella furia dell'uragano quella notte del dicembre del 1849 a Mompracem, quattro anni dopo la battaglia di Murudu? "Una grande bandiera rossa, con nel mezzo una testa di tigre".
Sapete qual è l'unico grandissimo errore "naturalistico" di Emilio Salgari? Lui scrive di agguati, di battaglie, di scontri mortali fra uomini e tigri nel Borneo. Salgari sembra ascoltare di persona "lo spaventoso e impressionante *ahough*" di una tigre affamata in cerca della sua cena. Sandokan uccide un felino formidabile durante le sue cacce a Labuan e gli urla senza paura: "Guardami. Anch'io sono una tigre". Ebbene: in Borneo non ci sono mai state tigri. Sbaglio troppo clamoroso per non essere voluto dal romanziere Salgari. Che, altrimenti, è preciso come un entomologo quando descrive animali, vegetazioni, geografie di quell'isola che lui non aveva mai visto.
Yanez quando racconta a Marianna di Sandokan parla della sconfitta del pirata nella battaglia di Muluder (era Murudu?), del massacro della sua famiglia, della perdita del suo regno e del suo girovagare, uomo disperato e braccato, per anni nelle foreste del Borneo prima di approdare a Mompracem. Sandokan, Tigre della Malesia, ha combattuto l'ultima battaglia a fianco dello *sharif* Osman? È scampato alla carneficina? Per questo è diventato il terrore delle navi nel mar Meridionale della Cina?

I rifugi dei pirati

Troppe storie, troppe coincidenze, troppi incroci intriganti nel mistero di Sandokan, eroe per i ragazzi italiani e personaggio ancora sconosciuto nei mari della Malesia. Lo spirito del pirata, i fantasmi intrepidi ed esotici di Yanez e Marianna, le pagine così reali di Salgari non ti lasciano in pace.
Ronny Soon ha ventisei anni. È di origine cinese. Fa l'istruttore subacqueo a Tiga, altra isola minuscola al largo delle coste settentrionali di Sabah. Non è lontana da Labuan: è diventata celebre perché qui dettero il peggio di sè i folli personaggi di *Survivor*, edizione americana.
Ronny Soon, 150 anni fa, si sarebbe arruolato fra i pirati di Sandokan. Oggi lavora con i turisti. Sul braccio destro ha un grande tatuaggio: una tigre selvaggia, dai denti affilati e dagli artigli macchiati di sangue. Lui, cinese nato nell'anno del dragone, ha preferito incidersi sulla pelle una feroce tigre. Ronny, in realtà, è dolce come il cuore del bambù. Scherza: "Ho scelto questo tatuaggio perché amo i gatti". Ma le isole di Tiga, "le tre isole", sono lungo le rotte di Sandokan, a metà strada fra le basi inglesi di Labuan e le baie, rifugio di flotte corsare, di *paulau* Gaya.
Martin Nong, *ranger* del parco di Tiga, ci fa sbarcare a Snake Island, l'isola dei Serpenti, l'isola dove si accoppiano, in grappoli velenosi, centinaia e centinaia di rettili di mare dalla pelle a cerchietti bianchi e neri. Martin ne scova a decine sotto il fogliame.
Sandokan è mai sbarcato in questo isolotto così pericoloso? Ha mai venerato Nigel, il grande spirito guardiano di queste isole a cui gettano sguardi di timore e preghiera perfino i musulmani e i buddisti?

I pescatori di Gaya

A sera, a largo di Tiga, guardo i *praho* dei pescatori del Borneo rientrare verso le grandi foci dei fiumi: le vedette sono in piedi, a prua, alte contro l'orizzonte. Scrutano il mare e prendono il vento caldo in faccia. Come Sandokan e Marianna, sono sicuro che stanno giocando con "la fresca brezza, impregnata dei mille profumi di quell'isola meravigliosa". Come non credere a momenti di serenità anche nella vita, feroce e crudele, di un pirata come Sandokan e della sua Perla?

A Gaya, isola a pochi minuti di traghetto dalle banchine di Kota Kinabalu, una punta rocciosa divide Lok Malum, una disperata *shanty town* su palafitte, popolata di immigrati filippini, dalle capanne esclusive di un raffinato *resort* sospeso sul mare. I due volti del Borneo a poche decine di metri di distanza.

Luogo superbo, Gaya: la foresta pluviale si specchia sulle acque di un mare di cristallo. Le maree giocano con le mangrovie. I coralli popolano i fondali.

Lo sapevano anche le bande di Sandokan e Yanez che Gaya è un dono del Dio dei pirati: "è uno dei posti più meravigliosi per nascondervi una flottiglia, essendo quei paraggi tutti irti di scoglietti estremamente pericolosi e battuti sempre da una risacca violentissima, la quale rende l'approdo assai difficile".

Lo sanno bene i ragazzi dagli occhiali a specchio che pilotano le veloci *boat taxi* fra Kota Kinabalu e i villaggi dell'isola. Lo sa il capitano del traghetto verso il *resort*. Tutti navigano con velocità e prudenza in questa baia: gli scogli sommersi, oggi, sono segnalati da grandi boe colorate.

Una grande rupe precipita in mare, una breccia nella roccia appare come un oblò. Clay Vincent, la nostra guida a Gaya, racconta con parole astute: "È una nave pirata. Si è pietrificata dove ha finito di correre i mari. Se passi di qui la notte, sentirai le voci dei marinai".
A Gaya la flottiglia di Yanez aspettava l'ordine di salpare contro il sultano del Brunei.
Il pirata bianco ha lasciato dietro a sé un veliero di pietra?

L'assalto a Sarawak

All'altro capo delle coste settentrionali del Borneo, alle estremità occidentali di Sarawak, la geografia della penisola di Bako è un mosaico di paesaggi tropicali: altre rupi selvagge, un intrico di baie e scogli, foci di grandi fiumi torbidi nascosti dai sipari della foresta, pareti di arenaria che si sbriciolano sotto l'urto delle onde e si illuminano come specchi nei rapidi tramonti dell'equatore.
Il calare del sole è l'ora dell'attacco dei pirati. Furono questi i nascondigli dei *praho* di Sandokan nei giorni dell'assalto a Kuching?
Allora, per Salgari, la città si chiamava Sarawak, aveva 1.500 abitanti ed era la capitale del regno personale di James Brooke, l'avventuriero inglese che, a bordo del suo *schooner* da guerra, il *Royalist*, aveva sconfitto le ribellioni dei malesi e dei *dayak* contro il sultano del Brunei, Mudah Hussein.
Come ricompensa Brooke, capostipite di una saga coloniale destinata a durare fino al 1946, aveva ottenuto, nel 1841, il possesso e il potere sulla regione del fiume Sarawak. Aveva promesso a se stesso di lottare, fino all'ulti-

mo sangue, contro i pirati di Sandokan. Fu uno scontro terribile: la Tigre della Malesia e il *rajah* bianco si affrontarono per anni e anni nei mari della Cina.

Bako oggi è un orgoglioso parco nazionale, il primo della Malesia (fu creato dagli inglesi nel 1957). Le sue scogliere di rupi e mangrovie, le sue foreste di alberi della canfora, "di mangostani e palme pisang dalle gigantesche foglie", "di piante gommifere e liane rampicanti", "di colossali alberi della canfora" dove "cicalavano bande di tucani dal becco enorme", "di preziosi sagù dai cui tronchi si estrae una fecola assai nutritiva", proteggono la foce del fiume Sarawak: qui, fra gli strepiti delle scimmie nasica e i voli superbi dei buceri dal becco rinforzato, si nascosero davvero i pirati in attesa dell'assalto finale contro la città del *rajah*.

Questi sono "i banchi sabbiosi", sono le "scogliere contro le quali rompesi la furia del mare". Qui le ciurme assetate di sangue di Sandokan affilarono i *kriss* e i *parang*, i coltellacci della foresta "lunghi un mezzo metro", prima di gettarsi all'assalto della fortezza di James Brooke.

È questo che aspetta Herman Basmi? È in piedi, sulla prua del suo *praho*, ancorato di fronte agli scogli di *paulau* Lakei, isolotto sbrecciato dai venti, al largo della penisola di Bako. Herman, mozzo-pescatore, ancora un ragazzo, lavora sui pescherecci di un armatore cinese. Le barche, bandiere rosse al vento, occhi beneaugurанти scolpiti sulla chiglia, sono alla fonda, in attesa della marea: aspettano di risalire, come gli antichi corsari, il fiume Sarawak fino alla capitale, ma Herman e i suoi compagni vogliono solo vendere i loro pesci sulle banchine del mercato di Kuching. Eppure per un attimo, Herman Basmi, i muscoli tesi nello

sforzo di sollevare l'ancora, una fascia-asciugamano a trattenere il sudore sulla fronte, appare davvero come un tigrotto di Sandokan.
Chissà se è un iban? Se è un *dayak* del mare, se appartiene a quell'etnia di vecchi pirati e cacciatori di teste che popola i fiumi, le foreste e le isole del Borneo?
"Io sono una *dayak* di mare. Anzi le mie terre di origine sono sul fiume Saribas", dice a sorpresa la piccola Angela Linsam, nostra nuova guida attorno alla capitale Kuching. Già, lei, donna moderna, innamorata allo stesso tempo della storia della sua gente e delle borse di Prada, bravissima con i giornalisti, viene proprio da quelle terre dove la flotta del *rajah* Brooke sterminò, in un eccidio spaventoso, alla fine del luglio del 1849, oltre ottocento pirati *dayak*.
Il *rajah* pagò ogni testa venti sterline.
Fu allora che Brooke scacciò Sandokan da Mompracem?

I *dayak* di mare

I *dayak* sono gente coraggiosa fino alla temerietà: "non hanno paura di gettarsi contro una muraglia di ferro difesa da cento cannoni". Hanno "membra coperte di anelli di ottone". Gli antenati di Angela hanno "probabilmente tagliato un buon numero di teste nelle grandi foreste del Sud".
Anche Manin Lodo è un *dayak* di mare, un iban: lui, botanico forestale, viene dalle sponde del più lungo fiume del Borneo, il Rajang. Ha un tatuaggio inciso sulla gola. Probabilmente tutto il suo corpo, sotto la camicia, è tatuato. Il disegno sulla gola è scuro, lucente, di un colore blu profondo, quasi viola. Forse rappresenta un drago, forse uno scorpione, forse un uccello. "Non lo so - confessa Manin

Lodo -. Me lo fecero quando ero ragazzo. Ci misero anni a disegnarlo. Io discendo da una famiglia di capi".
Il tatuaggio sulla gola è il più importante per un iban. Prova il coraggio dell'uomo. È inciso con una punta di bambù e scolpito con un martelletto. È doloroso. Rischioso. Può provocare setticemia. Per settimane e settimane non riesci a inghiottire. Ma Manin Lodo, lontano dalla sua *longhouse*, la casa comunitaria delle genti del Borneo, non ricorda cosa significhi il suo tatuaggio.
Manin spiega gli alberi con sapere profondo, si appassiona per le specie che incontriamo mentre camminiamo nella foresta, parla delle rare mangrovie, le *Sonneratia alba*, attraverso le quali navighiamo lungo le coste di Bako. Suo padre è stato uno dei primi maestri iban della sua regione, lui ha studiato fino alla laurea. Quanti teschi mozzati ci saranno nella sua *longhouse* persa nei meandri di un fiume tropicale?
Ne vedrò appesi alcuni nella *longhouse* di Rumah ("la casa") Bakas, casa-villaggio non lontana dalla città di Miri, a un passo dal confine del Brunei. Anche i suoi abitanti sono iban del Saribas, migrati fin qua ottant'anni fa in cerca di nuove terre. Qui, nella *rumah*, vivono almeno trecento persone: e nessuno è più tatuato.
"I vecchi sono morti da anni", mi dirà con semplicità il capo della comunità. Che non può dirmi il suo nome perché violerebbe un tabù. Ogni giorno offre riso e cibo ai teschi anneriti appesi al soffitto.
Dietro le "porte" della *longhouse* (ogni porta, una famiglia: ho contato cinquanta porte in questa comunità, ognuna lunga quattro metri. Una "casa" lunga 200 metri), un

ragazzo sta ascoltando musica rock e qualche donna guarda la televisione. No, gli iban non tagliano più le teste (le ultime a cadere furono quelle dei giapponesi nella guerriglia della giungla durante la seconda guerra mondiale), non le offrono più come prova del loro coraggio alle donne che vogliono sposare. Queste, oggi, sono storie buone per essere raccontate ai turisti.
"Se vuole convincere la famiglia di una ragazza, oggi è meglio che un ragazzo mostri il potente motore fuoribordo alla sua barca" dice, con moderna saggezza, Manin Lodo.

Il ritorno di Sandokan

Yanez sognava sempre di mangiarsi "le costolette dei babirussa", i maiali selvatici dai dentacci storti.
Ecco, pascolano a frotte sulla spiaggia di Bako. I pirati di Sandokan si sfamarono con le loro carni.
Yanez combatté contro gli oranghi nelle foreste del Borneo: quegli scimmioni, gli "*urang-outan*", come li chiama Salgari, i *maias*, come sono conosciuti dai malesi, avevano rapito la bella olandese Lucy Wan Harter, amica del pirata bianco. Gli oranghi difesero la loro preda gettando addosso agli uomini che li inseguivano i pesanti frutti del *durion*. Chi li ha visti, bitorzoluti e "irti di punte durissime", sa quanto possono essere micidiali i *durion* se usati come armi.
Yanez sterminò la famiglia degli oranghi-rapitori. Oggi queste scimmie sono a rischio: non sono più di ventimila fra Borneo e Sumatra. La foresta è stata tagliata, l'ottanta per cento dell'ambiente tropicale che proteggeva queste scimmie è stato devastato.

Yanez, per fortuna, non potrebbe cacciare Mike, grande orango maschio, scimmione che i *ranger* del centro di riabilitazione di Semongok, a Sarawak, cercano di riabituare alla foresta dopo anni di cattività. Lui non si difende a colpi di *durion*, ma si accontenta delle banane offerte dai suoi custodi. È un'attrazione per turisti.
Sandokan rimarrebbe stupito di quanto la sua isola sia cambiata in poco più di un secolo e mezzo.
Kuching, "la città dei gatti", ai suoi tempi, era un villaggio sul fiume "ombreggiato da superbi alberi e solcato da *prahos*, da piroghe, da conotti". "Bizzarre casette a tetto arcuato" formavano il quartiere cinese. I *dayak* vivevano in capanne "di foglie di nipa, piantate su pali di rispettabile altezza".
Oggi è la mole invadente dell'hotel Hilton ad affacciarsi sul fiume Sarawak. Piccole *tambang*, barchette leggere, con i rematori che sembrano gondolieri di Venezia, fanno la spola fra le due sponde (e il tettuccio delle barche ha la pubblicità del cornetto Algida).
I ragazzi di Kuching, mano nella mano, passeggiano per il *waterfront*, il lucente e disneyano lungofiume. I vecchi pescano con lunghe lenze. I castellotti costruiti dai Brooke sono illuminati con luci di Natale.
Chinatown, invece, non è cambiata: affollata, indaffarata come un formicaio, travolta dal ritmo degli affari e del lavoro, un ingorgo di carretti e fuoristrada. Un caffè sul fiume, a sera, accende i suoi neon luminosi: è il pub James Brooke. Sandokan non vi sederebbe mai. O forse sì: come ricordo-sberleffo del suo nemico mortale.
Nel bel museo della città sono conservati i *kriss*, i pugna-

li a forma di serpente (ogni "ansa" ha un nome), patinati con l'arsenico, del *rajah* bianco e dei pirati. Dicono che quando un *kriss* ha ucciso, può spingere la persona che lo impugna a uccidere ancora. Per questo Charles Brooke, il secondo *rajah* bianco di Sarawak, ordinò che il pugnale del boia fosse spezzato quando abolì la pena di morte. Dicono che un *kriss* non può essere acquistato: deve essere regalato o ereditato. Dicono che ognuno di questi pugnali contenga lo spirito della persona che ha ucciso. Sandokan possedeva un *kriss* "dalla lama serpeggiante e avvelenata". Non è al museo. Lo tiene ancora con sé. E forse, un giorno, vestito con la sua "splendida casacca" di velluto rosso, "adorna di ricami e di frange e larghi calzoni di seta azzurra", lui, la Tigre della Malesia, apparirà sulla prua del suo *praho*, il Perla di Labuan, naviglio tra "i più solidi che solcassero i mari della Malesia": il pirata avrà i capelli brizzolati, ma i suoi occhi saranno ancora di brace. Bordeggerà lungo il fiume di Kuching, sfiorerà le palme lussureggianti, lancerà uno sguardo di fuoco ai grattacieli in cemento di questa Singapore del Borneo. I cinesi, i *dayak*, i malesi si fermeranno a guardare quella imbarcazione orgogliosa capace "di filare come una rondine marina". Il Perla di Labuan attraccherà alle banchine del por to fluviale. Sandokan con un balzo salterà a terra. Si confonderà con i pescatori. Dopo oltre cento anni, la Tigre della Malesia ha finalmente un appuntamento con Emilio Salgari.

Virginia Choquintel

*Questa biografia non c'è. Io non la conosco.
So che Virginia era l'ultima india ona, popolo della Terra del Fuoco che non sopravvisse all'arrivo dei coloni bianchi. So che ignorava tutto della sua storia, non conosceva nemmeno la lingua della sua gente. Non aveva conosciuto né suo padre, né sua madre. Mi raccontò che era nata in una missione cattolica nel 1943.
So che ha fatto la domestica a Buenos Aires e che sposò un italiano. Le autorità della Terra del Fuoco la convinsero a tornare a Rio Grande, in Terra del Fuoco: era pur sempre l'ultima sopravvissuta degli ona. Viveva in una casa malmessa nella periferia della città. Troppo alcol, troppi acciacchi, troppa solitudine nella sua vita.
È morta nel 1999. Aveva cinquantasei anni.
Il Comune di Rio Grande l'aveva dichiarata "cittadina illustre", ma nessuno si è sdebitato con lei, almeno con lei, per la scomparsa del suo popolo. O, forse, è sufficiente chiamare con il suo nome il museo municipale di Rio Grande.*

Per Virginia, l'ultima ona

La tua anima, la tua *kaspi*, avrà davvero raggiunto Temaukel, "Colui che è nel cielo", la divinità suprema, il re delle "terre oltre le stelle"?
Non credo, Virginia. Anche questo ti sarà negato. Nessuno avrà avvolto il tuo corpo in mantelli di pelliccia e nessuno avrà pensato a deporlo, in fondo a una fossa, in posizione supina e nessun parente si sarà cosparso di nerofumo la pelle o si sarà rasato i capelli in segno di lutto. Come sperarlo? Tu, Virginia, eri l'ultima, Virginia Choquintel, l'ultima della tua razza, l'ultima indigena ona della Terra del Fuoco, l'ultima vera donna della Fine del Mondo.
E noi, bianchi irrispettosi e colpevoli, non esitiamo a pronunciare ancora il tuo nome. Eppure gli antropologi ci avevano pur spiegato, con saggi puntigliosi e oramai inutili, che il nome di una persona defunta non doveva essere ricordato per due anni dopo la morte? E, potrei giurarlo, i salesiani ti hanno sepolto nel cimitero della missione cattolica della Candelaria.
Già, Virginia Choquintel è morta a Rio Grande, città dell'oceano e delle maree, città di vento e gelo, smarrita alla fine

dell'Argentina. Virginia aveva cinquantasei anni. Ne dimostrava venti di più. Era una donna povera, quasi sempre ubriaca, sola.
Dovevo scrivere di lei, dovevo raccontare la storia della sua gente, delle sue terre lontane, dell'annientamento di una stirpe di uomini e donne.
Solo ora sono convinto che Virginia meritasse molto di più. Il suo sangue era indigeno, madre e padre erano ona, ma a lei non avevano trasmesso nessuna eredità: Virginia, nata e cresciuta in una missione dei salesiani, non sapeva niente della sua gente, non ne conosceva né tradizioni, né culture, ne ignorava la lingua. Non aveva mai visto suo padre, e sua madre morì quando lei era troppo piccola. Era cresciuta come un'orfana nei gelidi corridoi di un convento delle suore di Maria Ausiliatrice che non esitavano a cambiare i nomi degli indigeni: chissà se Virginia ha mai saputo che i suoi fratelli si sarebbero potuti chiamare T'aai (fango), Con-helesh (Uomo-estate). Tu Virginia avresti potuto essere Olka, lacrima. I tuoi occhi sembravano sempre pieni di pianto.
Sapevo che dovevi essere a Rio Grande. Anni addietro avevo visto un documentario commovente di Adriano Sofri che parlava di te. Alla missione della Candelaria c'era una tua foto e Betty Vezzosi, energica segretaria della scuola salesiana, conosceva la tua casa. Mi ci portò in macchina sbagliando più volte strada. Abitavi nel più misero dei quartieri di Rio Grande, Chackra 2. Un seminterrato squinternato, un palazzo decrepito, una periferia desolata. Le case sembravano cadere sotto l'urto del vento, gli infissi erano sbilenchi e arrugginiti. Cumuli di spazzatura ruotavano per le strade. Scritte di rabbia sporcavano i muri del quartiere. Le

strade erano vuote, deserte. Cartacce e sacchetti di plastica volavano in mulinelli inarrestabili.
Una porta rossa. Il vento che squassa le finestre, un vetro spezzato coperto da un telo cerato verde. La casa sa di urina. Il cane si chiama Carolina e salta sul divano abbaiando. Casa vuota e disperata: una televisione, un tavolo, tre sedie. E tu, Virginia: zoppicante, piccola, senza forma, triste. Mostri la tua raccolta di lettere e fotografie. Perfino il re di Spagna ti ha inviato una sua foto con tanto di autografo, e parole gentili del capo della "Casa del Rey". Il libro dell'antropologa celebre non è stato nemmeno sfogliato: è poggiato sul tavolo. L'indigenista spagnolo ti ha spedito lettere ammirate dalla Costa Brava, il sindaco di Rio Grande ti ha fatto avere un diploma di "Ciudadana Ilustre" e, questo sì, per un attimo, ti fa sorridere.
Il tuo uomo, il vecchio Antonino Ángel Citrano, emigrato mille anni fa dalla Sicilia, è morto e tu sei sola. Un italiano sradicato e un'india abbandonata.
Racconti con parole senza tono: "Facevo la domestica a Buenos Aires. Mi piaceva uscire, faceva caldo. Mettevo le cose a posto in quella casa. Là conobbi Nino. Poi vennero due persone, arrivavano da Rio Grande e mi chiesero di tornare qua. Dicevano che mi avrebbero dato una pensione, una *casita*. E Nino disse di sì. Andiamo a vedere cosa succede".
L'Argentina si assolveva così dal massacro degli indigeni ona: regalava una catapecchia, un diploma e una medaglia all'ultima di una razza cancellata dalla faccia della terra.
"C'è troppo vento qui. Io non amo il vento - sussurra Virginia -. Glielo dicevo a Nino: *vamos, vamos*. Torniamo a Buenos Aires. Qui fa freddo. Ma la sorella aveva venduto la

nostra casa". Nino è morto in Terra del Fuoco, Virginia è morta in Terra del Fuoco. "Ogni sera parlo con Gesù, converso con lui, lo guardo", disse ancora Virginia.
Quando Thomas Bridges fondò, nel 1870, la prima missione anglicana alla Fine del Mondo, gli ona non erano più di tremila persone. Loro si conoscevano come Selk'man. Erano i giganti della Patagonia, vivevano nudi nella Terra del Fuoco, isola estrema. Nei mesi più rigidi si coprivano con pelli di guanaco, cacciavano con archi e frecce, vivevano in provvisori accampamenti familiari di capanne coniche, si spostavano seguendo i branchi degli animali della Patagonia. I territori delle loro cacce erano stati assegnati a trentanove clan da Kenos, antenato mitologico, quasi diecimila anni prima. I loro denti erano deformati dalla durezza della carne di guanaco.
Gli ona furono sterminati senza nessuna pietà: pochi indigeni dispersi su un territorio vastissimo erano una minaccia per i primi allevatori di pecore che si spinsero fino a queste latitudini. Storia normale: i pionieri della Patagonia non avevano certo scrupoli. Dovevano ripulire quelle steppe battute dal vento e lo fecero.
Alexander Mac Lennam, *Red Pig,* aveva combattuto in Africa con gli eserciti coloniali inglesi: fu assoldato, come mercenario, da José Menéndez, il più potente dei latifondisti della Patagonia di fine secolo. Fu lui a far avvelenare le carcasse di balena per uccidere centinaia di ona.
Red Pig uccideva con piacere. Gli allevatori misero una taglia sugli indigeni: una sterlina a chi portava le orecchie di un ona ammazzato. Chi non si fidava pretese che per riscuotere il premio i killer portassero l'intero cranio. Una foto mo-

stra gli uomini di Julius Popper, feroce cercatore d'oro romeno, che sparano su indigeni nudi che scappano, senza speranze, nel steppe fuegine prive di ogni riparo. Il corpo di un ona nudo è ai piedi degli uomini con i fucili fumanti.
Virginia questa storia la conosceva: "Perché non ci hanno lasciato in pace. Qui c'era spazio per tutti". Chi ti ha raccontato queste cose, Virginia? "Io non so niente degli ona. So che li uccisero".
Perché io non ti ho lasciato in pace, Virginia? Il giorno dopo la mia intrusione sarebbe passato uno scrittore belga che voleva intervistarti, un fotografo di un giornale argentino si è rubato la foto di Nino, un antropologo spagnolo non si capacitava che tu non sapessi nulla della tua gente e se ne andò via arrabbiato e deluso. Vi è qualcosa di indecente in questa ricerca dell'ultimo indigeno, reliquia di sensi di colpa bugiardi.
Le tracce degli ultimi indigeni si rincorrono fra viaggiatori senza vergogne della Patagonia: nell'isola Navarino, a sud di Ushaia, vivono gli ultimi tre yahgan; a Puerto Eden, villaggio remoto in mezzo ai fiordi cileni, sei indigeni alacaluf salgono sui traghetti dei turisti per vendere barchette costruite con cortecce. È come andare a uno zoo. Oramai non si contano le interviste rubate all'ultima india. Vi è sempre un'ultima india da rivendere a qualche giornale o a qualche televisione. E, quasi sempre, sono colloqui senza senso: parole smozzicate, frasi rubate, un gioco cinico e malinconico. Ricordo il volto invecchiato di Virginia contro la finestra. Disse ancora prima che me ne andassi senza parole: "Mi piace andare in aereo. Peccato, non ho nemmeno un *licorcito* da offrirvi".

Bob Marley

"Mio padre era un bianco, mia madre nera. Io sono in mezzo, io sono niente", spiegava Robert Nesta Marley, figlio di un ufficiale inglese e di Cedella Booker, splendida donna giamaicana. Bob Marley, nato nel 1945, non conoscerà mai suo padre, soldato dell'esercito coloniale britannico. Ben presto, la famiglia si trasferì dalle campagne di St.Ann ai ghetti urbani di Trench Town a Kingston, la capitale della Giamaica. Vita dura per un creole pickney, *un bastardo mulatto in una città veloce di coltello, ma Bob ha la musica nel sangue; nasce la piccola banda dei Wailers destinata a incrociare le sonorità ska prima di approdare ai travolgenti ritmi reggae. Il gruppo si sfalda, ma la musica di Bob comincia a vagare per il mondo come la sua religione rasta. L'Africa e i ghetti neri delle città anglo-americane adottarono Marley come un venerato figlio ribelle. Nel 1980 la sua apoteosi avvenne al Rafaru National Stadium di Harare: Marley suona nel giorno dell'indipendenza dello Zimbabwe. Per una notte fu lui, cantante giamaicano, il simbolo della libertà africana. Ma Bob era già malato da almeno tre anni, il suo corpo divorato da un cancro alla pelle. Morì a Miami l'11 maggio del 1981. I suoi funerali furono un evento immenso.*

Il ritorno di Bob Marley

L'arciduca di Gloucester, erede al trono inglese, non infranse il cerimoniale e scivolò lentamente davanti al trono imperiale. Sfiorò con gli occhi lo sguardo di quell'uomo piccolo e minuto, non ancora quarantenne, che appariva impassibile, quasi accoccolato su una sedia troppo grande per lui. L'arciduca abbassò la testa con un movimento meccanico e poi sfilò in fretta davanti alla folta corte di dignitari.
Si era inchinato di malavoglia davanti all'Imperatore, davanti al Re dei Re, al Negus Neghesti dell'Etiopia. E non avrebbe mai saputo che quel gesto di riverenza era destinato a scatenare, a migliaia di chilometri di distanza, un sogno di rivolta e a innescare la miccia rivoluzionaria di un travolgente e contraddittorio movimento, *puzzle* inquieto di fede mistica e cultura ribelle. Soprattutto non poteva immaginare che, quell'inchino regale, fu, in realtà, il primo amplificatore di una musica destinata a diventare il *sound system* delle rivolte nere dei ghetti urbani.

Quando accadeva tutto questo era il 2 novembre del 1930: ad Addis Abeba, nella chiesa di San Giorgio, Hailé Selassié, "la Forza della Trinità", ultimo negus d'Etiopia, era finalmente tranquillo. Davanti a lui, nuovo re africano, erano sfilati gli inviati dei potenti della terra. Sulla sua testa era stata finalmente posta la corona che gli affidava le sorti del più antico regno d'Africa: nelle sue mani stringeva il destino del primo Stato cristiano della storia dell'umanità. Sorrise leggermente: lui era l'erede-usurpatore di una storia millenaria. Aveva vinto la sua battaglia, condotta in maniera spietata e astuta per quasi venti anni, per la successione a Menelik II, il vincitore di Adua: il trono, alla fine, era suo, come sue diventarono le terre dell'altopiano più vasto dell'Africa. Era sovrano per diritto divino: lui, Hailé Selassié, era il duecentoventicinquesimo successore di Menelik I. Lui, ras figlio di ras, si era proclamato discendente diretto del "figlio dell'uomo saggio", nato dall'amore rubato, a Gerusalemme, da re Salomone alla regina di Saba. Il Re dei Re, quest'uomo dall'aria così dimessa, aveva una passione invincibile per il potere: non era un semplice monarca, era un imperatore-Dio, una divinità sulla terra. Era il *kings of kings, Lord of Lord, conquering Lion of the Tribe of Judah*.

L'arciduca di Gloucester dormì pesantemente quella notte: non vedeva l'ora di tornare nella sua Gran Bretagna. Ma il tam-tam della *Reuters* aveva già cominciato a battere la notizia di quell'incoronazione e qualcuno, al di là dell'Atlantico, lesse con stupore ed emozione quei dispacci.

Strano destino: dall'altra parte del mondo, in quegli anni Trenta, covava una rivolta antica. Lo schiavismo era finito, ma non certo la schiavitù e la miseria disperata della gente nera. Nelle periferie delle città statunitensi, scosse dalla crisi economica, e nelle isole caraibiche, soggiogate dai latifondisti britannici, la foto di quell'arciduca chino davanti a un re nero, in ginocchio di fronte a un imperatore-Dio, accese orgogli e passioni.

Le agenzie che avevano trasmesso le immagini di quel lontano evento feudale divennero l'inconsapevole strumento di una ribellione afro-americana. In Giamaica, un professore di lettere, studioso di storia dello schiavismo, scese in strada come un folle (e gli inglesi lo trattarono come tale rinchiudendolo più volte in manicomio). Leonard Percival Howell incitò i neri dell'isola a non pagare le tasse, a mandare a quel paese il re d'Inghilterra, signore coloniale, e a diventare sudditi dell'imperatore etiopico.

In fondo, non era quello il sogno-utopia di Marcus Garvey, il profeta, anche lui giamaicano, del ritorno di un messia nero, il predicatore della libertà del popolo africano delle Americhe? Non era stato Garvey a riscrivere su *Blackman*, le parole di un salmo celebre: "Vengano i grandi dall'Egitto, l'Etiopia innalza le mani verso Dio"?

Nemmeno Hailé Selassié, autocrate feudale e modernissimo allo stesso tempo, avrebbe immaginato tanto: divenne Dio per i movimenti anticoloniali delle Americhe nere, per i figli di un sincretismo estremo fra cristianesimo e culti afro-americani.

Ai ribelli giamaicani piacque perfino il nome di quell'imperatore: prima di essere incoronato, era conosciuto come il *ras Tafari Makonnen*. Loro, neri e liberi, divennero, per questo, i *rastafarians*. Quasi trent'anni più tardi, Hailé

Selassié, fu riconoscente di quella fede senza limiti: donò ai neri delle Americhe, duecento ettari di terreni nel profondo della Rift Valley, nel sud dell'Etiopia. Una prima colonia per il ritorno dei neri in Africa.

Lo scenario, adesso, cambia di colpo. È passato mezzo secolo dall'incoronazione di quell'imperatore. La sua divinità non ha impedito che diventasse un autocrate, un despota, un vecchio decrepito aggrappato a quel trono che, ogni giorno, diventava così immenso mentre lui si rattrappiva nella sua pelle di pergamena.
Fu un misero ufficiale, un servo, il figlio di una donna di strada a cacciarlo, a strapparlo da quella sedia regale troppo alta, a soffocarlo con un cuscino, a seppellirlo sotto la sua latrina personale.
Dio può morire, ma il suo credo no. Incroci del destino: Robert Nesta Marley, anche lui figlio dei ghetti di Kingston, bastardo di un capitano inglese e di Cedella, una nera bellissima, era già, da anni, il menestrello più amato della musica reggae, il Messia atteso, il profeta di quella divinità nera. Follie delle religioni: sullo stesso altare stavano i tabernacoli del tiranno feudale e del bardo che predicava la libertà di Madre Africa, erano illuminati dalle stesse candele il cantore della scomparsa di divieto e il monarca che aveva dominato, con un pugno insanguinato, il più vasto degli altopiani africani.

A cosa pensavi, Bob, di fronte a quella folla che nessuno riusciva a trattenere?
Al cancro che ti stava divorando (lo sapevi già quando

salisti su quel palco?) o a quell'Africa di cui eri la colonna sonora?
Lo sapevi che in quella città, Harare, dove stavi per tendere le corde della tua chitarra già viveva l'uomo, quell'ufficiale vanitoso e feroce, che aveva ucciso il tuo Dio? Aveva importanza? La notte del 17 aprile del 1980, un anno ancora di vita, tu gridasti: *Africa must be united* e due milioni di africani videro in te la fiamma del loro futuro. Le radio delle savane trasmettevano il rullo dei tuoi tamburi e le lacerazioni della tua chitarra. In ogni villaggio africano cassette polverose e gracchianti passavano la tua musica di registratore in registratore. E tu ora eri sul palcoscenico del Rufuru National Stadium ad Harare, davanti a due milioni di africani che avevano avuto l'orgoglio feroce di cancellare la Rhodesia dalla carta geografica del mondo.

Fu lì, di fronte a quella gente che non riuscivi a vedere in faccia, che decidesti che era ora di farla finita. Era tempo di tornare a casa. Era tempo di non sapere più nulla.
Babylon, il perfido regno della corruzione, stava infettando il tuo universo. Il Re dei Re era un assassino, i governanti dello Zimbabwe lo sarebbe diventati. La musica non salva i popoli dalla crudeltà dei potenti. Si perde la testa quando si sale sui troni del mondo. Meglio starne alla larga, meglio svanire. La musica avrebbe viaggiato da sola: vangelo per i neri, dai ghetti di Birminghan alla radio del tassista che ti fa viaggiare per le strade di Dakar, dagli altoparlanti di un supermercato di Parigi ai bar scassati di Kinshasa.

Saranno le tue nenie graffiate a tenere in vita il soffio di un sogno smarrito.

Meskel Square, la piazza della Croce, è il posto giusto per essere spaventati da Addis Abeba, la capitale dell'Etiopia: non è una piazza, è non-luogo, un campo di battaglia. Ci vogliono minuti e minuti (dribblando un traffico che qui si incrocia come in un cruciverba) per attraversarla. È grande come sei campi di calcio: era la piazza delle adunate ai tempi della tirannia di Hailé Mariam Menghistu, l'assassino di Hailé Selassié.

Bob, smettila di vaneggiare, non essere inquieto: qui bisogna stare calmi se vogliamo tornare in albergo. Il corpo del negus ha trovato pace, ricordi? Un bel funerale. Con la tua musica e tua moglie in prima fila.
Bob si siede sui gradoni dove i notabili di seconda fila assistevano alle parate del regime. Si distende, cerca di trovare il sonno. "Io in qualche modo sono eterno. L'unicità di ogni uomo e di ogni donna è il dono di Jah. Noi lottiamo per farne qualcosa: questo è quello che, a nostra volta, possiamo donare a Jah".

Dio è stato riconoscente: ti ha consentito di scomparire. A pochi altri è stato concesso questo privilegio. Si vede che lo hai toccato nel cuore.
"Ne ero sicuro, sai. Un giorno Jah avrebbe portato me e i miei fratelli via da quell'isola e ci avrebbe riuniti, noi ex schiavi, sotto il cielo della Grande Madre Africa".
Ci sarebbe stata la tua musica senza questa terra?

"Non ho la pelle nera, sono un creolo e mica mi piace questa storia. Mio padre non l'ho mai visto. La musica ci sarebbe stata ugualmente, ma qui, in Africa, diventa altro: è una ragione di vita, forse l'unica. È il sorriso del giorno, il movimento di ogni muscolo, la molla che ti fa alzare anche questa mattina".

Ti racconto dei capelli, Bob. Così capisci. Tu indossi una criniera, resa morbida da grasso e creme, ma non sempre è stato così. Noi volevamo incutere timore. Devo dire: viva la globalizzazione, viva quelle foto che i giornali misero in prima pagina per aizzare i bianchi e che, invece, fecero fremere i nostri fratelli. Non ti appisolare, Bob, ascolta. Nei primi anni Cinquanta, furono altri popoli a ribellarsi agli inglesi, le genti di tuo padre. Si arruolavano, stracciati com'erano, in un Esercito per la Terra e la Libertà, un'armata di teppisti e pezzenti che, più a sud di qui, in Kenya, volevano solo riprendersi i territori dei loro antenati. Si chiamavano *mau-mau* e tra di loro fecero un patto: non si sarebbero tagliati i capelli fino a quando non sarebbero stati liberi. Loro non volevano assomigliare ai bianchi.
Le loro chiome crebbero come la loro ribellione: erano capigliature oscene, lunghe, arruffate, contorte. I rasta di Harlem e della Giamaica guardarono con occhi avidi le fotografie che li ritraevano con occhi spiritati, era il segno che loro non si sarebbero arresi mai: anche i fratelli vollero diventare "combattenti per la libertà". E lasciarono volare i loro scalpi afro, intrecciarono i capelli in *lock* aggrovigliati, in ciocche che scendevano fino ai piedi. Dove-

vamo incutere timore. Fu così che diventammo gli uomini e le donne con i *dreadlock*, le "ciocche terribili".
Non dormire, Bob. Dobbiamo andare. Senti com'è bello quello che hai scritto: "Vecchi pirati, sì, mi rapirono. Mi vendettero alle navi mercantili. Per quanto ancora uccideremo i nostri profeti, mentre assistiamo in disparte". Vieni, Bob, il traffico di Meskel Square si è acquietato, come le acque del Giordano.

Due uomini che cercano di attraversare la spianata di questa piazza troppo grande. Quello più magro barcolla, ha appena compiuto sessant'anni, da più di venti si nasconde. Più si nasconde e più è inseguito dalle tracce che si è lasciato alle spalle. Non può afferrare il taxi collettivo per andare al mercato del paese vicino (uno dei piaceri che si è conservato) che la musica lo avvolge. Non vale tentare di dormire: i suoi compagni di viaggio lo scuotono, si strusciano, cercano di danzare nello spazio di una Peugeot stralunata. A volte ti sorprendi a cantare le tue strofe e il vicino che ti guarda come uno che storpia un salmo del Corano.
In mezzo alla piazza, l'uomo più grosso, un gigante, sostiene Bob, quasi lo protegge: non ha questi problemi con il passato. Ha le cuffiette alle orecchie e, ci posso giurare, sta ascoltando la tua musica. Quella che non ti lascia in pace. Ecco, ora avete attraversato la piazza, siete in salvo. Alle vostre spalle un automobilista vi guarda con disprezzo. I ragazzi, invece, hanno tirato fuori una radio colossale e cominciano a dimenarsi con i loro cappelli di rafia a strisce gialle, rosse e verdi. Che ne sanno loro dei rasta?

Non degnano di uno sguardo l'ombra di quei due uomini che scompaiono verso il ventre di Addis Abeba.
La storia dei rasta è leggenda da Bibbia desacralizzata. È la ricerca di una follia, la nostalgia immotivata di una terra, un viaggio senza partenze. Davvero lasceresti un'isola di sole e donne bianche che ti riempiono di regali per una manciata di sesso? Mai stato a Bloody Bay? Mai passeggiato sulla spiaggia di Negril? Ti sei mai infilato con sprezzo del pericolo al *Go Go*, caverna nera dove ti sventolano sul viso i più bei culi di Giamaica? Davvero lasceresti l'isola di sesso, droga e reggae? E di spiagge, sole smagliante e mar color caribe? Che vuoi di più? Lui, Bob, c'è riuscito lasciando alle spalle una corte di donne piangenti che, un secondo dopo il tuo funerale, si sono accapigliati per un frammento della tua casa da rivendere ai turisti.

I rasta mica sono normali. Ci hanno provato davvero ad andar via dalla Giamaica. Negli anni Sessanta delegazioni di pellegrini dalle treccine impazzite vagarono per mezza Africa alla ricerca di una terra che li ospitasse. Alla fine approdarono davvero alla corte del Re dei Re. Era quello il Dio che stavano venerando?
Quell'uomo così piccolo e nervoso, dagli occhi sfuggenti. Hailé Selassié dovette sussultare quando li incontrò: pensò che erano tutti molto più alti di lui, che avevano capelli come piovre, che parlavano con voce troppo tuonante. Si infastidì per la loro abitudine di fumarsi una canna dopo l'altra. Ma rimase colpito dall'adorazione, priva di dubbi, di quegli uomini grandi e irsuti come guerrieri preistorici: confermò il dono di quelle terre lontane, perse nella

Rift Valley. Quei rasta presero una corriera e percorsero strade scassate fino a Shashamane, fino al villaggio, dal nome come uno scioglilingua, che Hailé Selassié aveva regalato alla gente nera delle Americhe.
Quella notte dormirono nella prateria. Fumarono fino a stordirsi. E guardarono l'alba prima di riaddormentarsi. Nel sonno decisero che quel luogo poteva essere una buona terra.

Erano matti: non ho mai visto una città così brutta come Shashamane. Un crocicchio di strade che portano al sud dell'Etiopia, un crocevia ingorgato delle rotte verso il Kenya. Città di passaggio. Di prostitute e camionisti.
Erano matti: ma qui stanno ancora i rasta d'Etiopia, ultima etnia del continente. In qualche casetta alla periferia di Shashamane, quasi invisibili a chi non li cerchi, vivono i rasta. Altissimi, dinoccolati, storpiatori coscienti di un inglese inventato come se fosse una nuova lingua. Vi passai alcuni anni fa: mi accolse Daniel ("*Hey, man...*", e giù una botta sulle spalle, tale da farmi rintronare) e non si lasciò sfuggire una sola parola di troppo. Ero il peggiore degli scocciatori, un giornalista. Ma ero ben introdotto, mi aveva raccomandato un dentista bianco: *hey, Daniel,* allora ti andava bene anche un bianco per sistemarti quei dentacci più storti dei tuoi capelli.
Rimasi nella comunità per qualche giorno: a guardare bambini che facevano i compiti di matematica e rasta che fumavano *ganja* in santa pace. Mi piacque quella tranquillità. Erano rimasti in pochi: solo sette famiglie, sopravvissute ad anni durissimi. Daniel, in un raro momen-

to di parole, mi disse: "All'inizio qui arrivarono quattrocento famiglie dalla Giamaica e dalle Americhe. Non avemmo vita facile. Ma fino a quando l'imperatore vigilava su di noi, riuscivamo a vivere".
Per la verità i cronisti di quella singolare immigrazione hanno sempre parlato di una cinquantina di famiglie arrivate fin qui da oltre oceano. Non di più. Ma perché non credere a Daniel? Ed è vero che quando la rivoluzione "rossa" di Menghistu spazzò via il Re dei Re, i contadini di Shashamane si impossessarono, forconi alla mano, delle terre concesse ai rasta. Molti di loro, allora, se ne andarono. I contadini etiopici mica amano i rasta. Per loro sono ladri di terra.

Daniel rimase: quando anche quel figlio di una serva fu detronizzato, riuscì a rientrare in possesso di una quarantina di ettari. Quella era pur sempre la Terra Promessa. Rasta ostinati: crollato il terrore dei militari, finite le persecuzioni, il mito rasta è rinato in Etiopia. Bob era scomparso e la sua leggenda approdava nel Paese in cui diceva, senza averlo mai visto (ma allora come facevi a possedere l'anello del Negus, Bob?), di voler vivere. Nel 2000, ai funerali ufficiali di Hailé Selassié (otto anni dopo il ritrovamento delle ossa), i rasta riapparvero nelle prime file delle cerimonie. E vibrò, di nuovo, la tua musica, oramai leggenda di ogni *gang* di giovani africani. Curioso vedere i capi di Stato e i decrepiti superstiti della corte imperiale sfiorati da quegli accordi che sognavano rivoluzioni.
Guardati attorno, Bob, non chinare la testa: i ragazzi di Addis Abeba ora camminano ondeggiando le loro lunghe

treccine, ascoltano, intontiti, l'ossessione dei tamburi reggae. Hanno cappelli di rafia e lana, sgargianti nei colori della bandiera etiopica e indossano magliette con l'immagine sorniona del Negus. Ne sanno qualcosa, loro, dell'Imperatore-Dio? Ne sanno qualcosa del menestrello del reggae nato al sole dei tropici e amante di un gelido sovrano degli altopiani africani? Cosa sanno i giovani di Addis Abeba, cresciuti negli anni di una guerra fratricida con l'Eritrea, delle storie di "pace e amore" dei rasta e della redenzione nera? Nemmeno Daniel, che già aveva i suoi anni, mi dette una risposta e la mia domanda rimase sospesa nella serenità di Shashamane.

Feci fermare di colpo la macchina. L'autista si innervosì, un bus ci sfiorò, un uomo in bicicletta sbandò, cominciò il concerto dei clacson. Scesi dal taxi come una furia. Il cuore mi batteva come se fosse stato colpito da una scarica di adrenalina. Come dicevi? "Io sono il messaggero di Dio". E noi a comprare i tuoi dischi, a renderti ricco, a sfamare le moltitudini dei figli che disseminavi per il mondo. Sei tu? Sei a casa, Messia? Sei tu? Daniel ti sorregge come un cucciolo ferito, la sua mano è sotto il tuo braccio e tu lasci fare. Ascolto il tuo respiro: è come un vento leggero e arrochito. Mi commuovi: ha ritmo perfino il tuo respiro. Ti eri nascosto proprio nel primo posto dove avrebbero dovuto cercarti. Straordinario: sotto gli occhi di tutti per non essere visto. Che sguardi strabici che abbiamo. Non sei riuscito a scrollarti di dosso il passato, ma hai un'aria stanca e bella, Bob. Sono certo, hai suonato a lungo per te e per i bambini di Shashamane e non hai conservato nemmeno un appunto di questi concerti. Che gioia deve essere stato cantare per i bambini. Solo per i bambini. Daniel mi vede, ha un lampo, un movimento. È combattuto, vorrebbe fingere di non riconoscermi, ma sa che non può, che non ci riuscirebbe. È felice di vedermi. Io non mi muovo, le mani in tasca, un sorriso che vorrebbe essere incerto. Daniel rallenta, sorride anche lui. Più con gli occhi che con le labbra. So che mi sta pregando: non svelare questo segreto, ti prego fratello. Nocca contro nocca, pugno contro pugno. Non lo fare. Per lui, per lui. Mi passi a fianco con lo sguardo di chi sa di aver sempre avuto ragione. Sei invecchiato, Daniel. Chissà perché: sono più interessato a te che a Bob: "*Hey, man... you see, I was right, the King is back*". Questa volta mi sono scampato la botta sulle spalle.

Ladislaus E. Almasy

Un uomo entra al Kit-Kat, il cabaret alla moda nel Cairo degli anni Trenta. Théodore Monod, il più grande dei sahariani del Novecento, sembra osservarlo: Laszlo Von Almasy è un uomo poco più che trentenne, affascinante e misterioso come ogni gentiluomo solitario. Di lui, Monod dice: "Corre il mondo e l'avventura". In realtà Laszlo Von Almasy, uomo del Sahara, ha un'ossessione irrinuciabile: trovare Zerzura, l'oasi-fantasma perduta nel profondo delle sabbie egiziane.

Von Almasy, diventato celebre per il film Il paziente inglese, *era nato nel 1895 a Burgbernstein, allora terra di Ungheria, oggi in Austria. Era un pilota collaudatore e si avventurò nel deserto egiziano per testare la potenza di veicoli a trazione integrale. Nel 1926 risalì il Nilo e vagò per il Sahara per oltre 12mila chilometri: fu allora che le sue guide gli parlarono della leggenda di Zerzura e Von Almasy, da quel momento, non sognò altro che trovare questa oasi.*

La seconda guerra mondiale dividerà lo straordinario gruppo di sahariani che si ritrovava al Cairo. Amici e compagni di avventure nelle sabbie del Sud egiziano erano su trincee avverse, ognuno conosceva l'abilità dell'avversario. Quel conte ungherese venne ingaggiato dai servizi segreti nazisti. Von Almasy, spia tedesca, fu capace di attraversare il Grande Vuoto del Gilf Kebir pur di raggiungere clandestinamente il Cairo: un'impresa impossibile, un viaggio al di là di ogni immaginazione.
Finita la guerra, Von Almasy sfuggì a un tribunale popolare ungherese e si intestardì in un'altra avventura: trovare le tracce dell'esercito di Cambise perso in Sahara cinque secoli avanti Cristo.
Era come attratto dalle storie che non potevano essere credute.
Il conte Laszlo morì lontano dalle sabbie: nel 1951, a Salisburgo. Vi è chi pensa che non fu una banale diarrea a ucciderlo, ma un avvelenamento.
Erano troppi i segreti che dovevano rimanere sepolti in Sahara?

Una Cappella Sistina nel Sahara

Questa mattina la sabbia dell'Aqaba Pass, il passo Difficile, è nostra amica. Le ruote dei vecchi Land Rover sembrano pattinare sul *fetch-fetch*, sulla sabbia molle e bianca, che scivola dall'ultimo gradone del Gilf Kebir, la "Scarpata Grande", il più remoto altopiano del Sahara egiziano, verso il nulla, verso orizzonti che svaniscono in miraggi di oasi irreali. Le rocce del Gilf si stringono, sembrano chiudersi come se non volessero lasciar passare i convogli degli uomini. Ma l'Aqaba Pass è una frattura della falesia, un taglio nella scarpata, un passaggio segreto che sconfigge l'altopiano.

Con quali occhi, settanta anni fa, un conte ungherese, Ladislaus Von Almasy, "il migliore" dei sahariani degli anni Trenta, avrà guardato a questo passaggio? Non poteva certo immaginare che era destinato a passare alla storia grazie a un bel libro e a un film che avrebbe vinto nove premi Oscar.

I suoi meriti, allora, erano ben altri: fu lui, "il Paziente Inglese", a scoprire, per primo, nel 1933, il passo di Aqaba. Fu lo sguardo stupefatto di Almasy a cadere, per la prima

volta, dopo millenni, sui movimenti leggeri di piccole figure, impresse nella roccia di una caverna, che sembrano tuffarsi in acque oramai scomparse.
Fu Laszlo Von Almasy, uomo del deserto, a scoprire la "Grotta dei Nuotatori".
Noi seguiamo quelle sue stesse rotte, quelle stesse piste dove le tracce di quei vecchi viaggiatori si sono fossilizzate nella sabbia: attraversiamo l'Aqaba Pass, scendiamo dal Gilf Kebir, puntiamo verso nord, costeggiamo la falesia, troviamo le orme di passaggi dimenticati. Sfioriamo i cofani abbandonati di un vecchio camioncino Ford del 1941 e di un Chevrolet che ha tradito sconosciuti contrabbandieri libici: resti meccanici diventati sculture del deserto. I segnavia, le *balise*, in questo angolo di Sahara, sono i bidoni di benzina della Shell, svuotati, negli anni dell'ultima guerra mondiale, nei serbatoi delle auto dei Long Range Desert Group, i *commandos* britannici in azione, allora, in queste sabbie remote contro l'Africa Korps di Rommel.

Sappiamo dove andare. Ahmed al-Mestekawi, la nostra guida, un ex colonnello dell'esercito egiziano, per quasi vent'anni responsabile della frontiera di deserto fra Egitto e Libia, e Massimo Foggini, un ex industriale torinese con addosso la passione del Sahara, sanno dove andare. Ci sono già stati.
Fu il figlio di Massimo Foggini, Jacopo, uno scultore di trentasei anni, al suo primo viaggio nel deserto, in quel rovente maggio del 2002, a vedere per la prima volta la nuova "Grotta", un eccezionale riparo sahariano. Un anno fa,

faceva troppo caldo in quel canyon, nessun voleva arrampicarsi su quell'ultima duna di sabbia bianchissima. Eppure bastava dare un'occhiata a quell'ansa del wadi, bastava alzare gli occhi fino a quel riparo a mezza costa per intuire che qualcosa poteva pur nascondersi dietro la duna. Fu Jacopo a salire, a scomparire dietro la cresta di sabbia e a riapparire con addosso le urla di una grande eccitazione. Aveva davvero visto, dipinta sulle rocce di quella grotta lunga una ventina di metri, l'affresco di una Cappella Sistina del Sahara. Un luogo unico, straordinario, smarrito nel più grande deserto arido della Terra.
Noi, adesso, mesi dopo quella scoperta, stiamo tornando verso questo capolavoro dell'antichità perduta del Sahara, stiamo tornando indietro nel tempo, verso quelle epoche in cui queste terre, oggi desolate, erano acquitrini, territori fertili, savane punteggiate dai villaggi degli uomini della protostoria.

Il colonnello Mestekawi gioca con la falesia, cerca un passaggio fra torrioni di arenaria scolpiti dal vento, evita i terreni pietrosi, sembra procedere a cerchi. Alla fine imbocca un golfo di rocce. Solo allora ferma i fuoristrada. Il biancore è accecante, fa caldo. La duna bianca è lì: e nasconde ancora il riparo. Alla sua base, vi sono le tracce di un antichissimo paleolago oramai prosciugato da millenni. Macine e pestelli giacciono ancora sulle sue sponde oggi inesistenti.
Affondiamo nella duna, saliamo quasi di corsa. Con fatica. E la grotta è splendida, sfolgorante, meravigliosa. È affollata di figure: uomini che sembrano danzare tenen-

dosi per mano, che intrecciano una sorta di girotondo con movimenti degni dei quadri di Matisse, donne dalle cosce robuste ballano divaricando le gambe come se fossero guerrieri Maori. Animali mitologici privi di testa e dalle zampe disarticolate (leoni divini?) cercano di inghiottire altri uomini minuscoli. Altre figure ancora alzano le mani verso il cielo e sembrano specchiarsi nelle acque del lago. Oppure, come azzardano esperti di arte rupestre, fuoriescono, come dono soprannaturale, da una fessura della roccia. E poi mani, mani ovunque. Decine di mani in negativo: gli artisti sputavano la pittura contro la parete e la loro mano rimaneva impressa sulla roccia come una fotografia al rovescio.

"Erano come le firme di chi dipingeva su queste pietre - spiega l'antropologo Nicola Pagano -. Così, almeno, accadeva fra gli aborigeni dell'Australia". "Questa grotta è straordinaria. È unica nell'arte rupestre sahariana - dice Giancarlo Negro, il direttore della rivista *Sahara* -. È antichissima. Può risalire a ottomila anni fa". Si notano tratti di figure che ricordano il remoto periodo pittorico conosciuto come "le teste rotonde". In un angolo della grotta bovidi pascolano attorno a una chiazza che sembra davvero un lago. Vi è un piede graffito nella roccia.

File di altri uomini si tengono per mano. Come reverenti verso divinità sconosciute. Anche qui nuotatori si tuffano in acque invisibili. Alcuni sembrano davvero sprofondare in apnee della protostoria. In questa grotta, lunga oltre venti metri, alta almeno tre - e chissà per quanti metri affonda nella sabbia -, è come se fosse stata disegnata la storia di una comunità perduta del Gilf. È un santuario,

un luogo sacro. Davvero una incredibile cappella votiva del Sahara.
I nostri occhi, oggi, sono nuovamente fra i primi a vedere la meraviglia di questi affreschi. "Sapevo della Grotta dei Nuotatori, sapevo di altri ripari con piccole pitture, sono venuto più volte in questo luogo - racconta Massimo Foggini -. Ero convinto che ci fosse altro, che potesse esserci altro. Non sono mai state fatte ricerche sistematiche in questa falesia. Il Gilf è un luogo troppo remoto, troppo difficile. La nostra testardaggine è stata premiata: abbiamo avuto fortuna".
Questo affresco è davvero eccezionale. Come lo sono questi deserti egiziani. Qui, nel Gilf, le dita immense del Grande Mare di Sabbia irrompono nei canyon dell'altopiano. Questo è un luogo "lontano". Per sei giorni abbiamo viaggiato senza vedere nemmeno la traccia di un insetto. Non un cespuglio stremato, non un'acacia, non un filo d'erba. Qui non c'è acqua, non un solo pozzo. Non un cimitero, nemmeno una tomba di viandanti perduti.
Le grandi rotte carovaniere del Sahara evitavano questa desolazione. Non ci sono mai arrivate antiche cronache che raccontino di queste terre, ma solo leggende fantastiche che fecero sognare i sahariani del Novecento.
Questo è un altopiano vasto ottomila chilometri quadrati. Grande come la Svizzera. Occhi umani (l'inglese John Ball) intravidero l'orizzonte del Gilf solo agli inizi del secolo scorso. Ma fu un principe egiziano, Kemal al-Din Hussein, capace di rinunciare al trono dell'Egitto pur di perdersi in Sahara, a calpestare, per primo, le sabbie bianche e rossastre di questo altopiano: fu lui a "scoprirlo" nel 1925. Ke-

mal era alla sua terza spedizione: ne disegnò le prime mappe, ne scalò i primi gradoni, ne vide i primi wadi. Ma fu possibile completare la sua cartografia solo nel 1976. E solo grazie ai satelliti Landsat.
Da qui il Mediterraneo è lontano mille chilometri, il Nilo è a oltre settecento chilometri di distanza.
Adesso, che noi siamo tornati, il Gilf è di nuovo solitario. È rimasto solo il vento e la sabbia. È il luogo più arido del pianeta Terra: una media di un millimetro d'acqua all'anno. Può non piovere per decenni e decenni. Gli ultimi monsoni hanno sfiorato questo altopiano diecimila anni fa. "Nel 1978 i geologi della Nasa confrontarono le foto satellitari del Gilf Kebir con quelle di Marte - ricorda Wael Abed, trentasei anni, giovane sahariano egiziano, innamorato perso di queste terre -. Rimasero senza fiato: questo deserto è simile alla superficie di quel pianeta. La gente della missione Apollo-Soyuz venne fino a qui per vedere con i propri occhi: erano terre perfette per simulare la geografia extraterrestre".
E sono state, perciò, terre perfette anche per le leggende degli uomini. Qui, per decenni, è stata cercata l'oasi perduta di Zerzura. Era il sogno di sahariani come Von Almasy, come Kemal al-Din Hussein, come Ralph Alger Bagnold (il maggiore inglese che guidò i soldati del Long Range Desert Group), come Robert Clayton (il marito di Dorothy: era lei l'amante appassionata del Paziente Inglese. Lui, Robert, agente dei servizi segreti britannici, aveva portato nel deserto un biplano Moth), come Patrick Clayton, eccezionale topografo. Era una pattuglia di uomini (che la guerra divise) che aveva un'unica ossessione: tro-

vare Zerzura. Doveva pur esserci: era stata nominata, per la prima volta, nel 1447, dal viaggiatore arabo Uthman al-Nabulsi. Il *Libro delle perle nascoste*, scritto a metà del Cinquecento, raccontava di una "città bianca come una colomba" nascosta nell'oasi. Vi riposavano, fra oro e gioielli, un re e una regina. Chi vi fosse arrivato poteva prendere i tesori senza svegliare la coppia regale.
La gente dell'oasi di Dakhla, ultima terra con acqua prima del viaggio verso il Gilf, giurava dell'esistenza di Zerzura: ma nessuno, di quei contadini sedentari, vi era, in realtà, mai stato.
L'esploratore tedesco Gerhard Rohlfs, alla fine dell'Ottocento, incontrò, smarriti nel Grande Mare di Sabbia, tre uomini neri. Provenivano da Zerzura. Nel 1932 Almasy e Robert Clayton si portarono dietro, nelle sabbie del Gilf, il loro biplano. Fu una sorpresa vedere apparire, al campo che avevano montato sotto la falesia, due rondini. Volarono via dopo aver bevuto nel bicchiere del conte ungherese. Furono inseguite con l'aereo e, dall'alto, sotto gli occhi dei due uomini riapparve un canyon con stremate acacie spinose. Era quella Zerzura?
Anni più tardi, nell'oasi libica di Kufra, Almasy avrebbe incontraro un vecchio cammelliere. Fu lui a narrargli di antiche razzie tebu, di inseguimenti nel deserto e di una vallata remota nel Gilf dove era possibile trovare erbe e cespugli per far pascolare i dromedari. Fu Abd el Malik a svelare al conte ungherese che quel wadi dimenticato, un tempo si chiamava Zerzura, nome arabo di un piccolo uccello dal petto bianco, il passero del Sahara, l'animale che, altrove nel deserto, i tuareg, chiamano *mula-mula*. Zer-

zura era stata trovata? Sarà Ralph Bagnold a scrivere nell'ultimo capitolo del suo libro: "È l'oasi del desiderio e non vi sono parole adatte per descrivere un sogno. Zerzura è ovunque e non verrà mai trovata".

A noi, dopo aver ammirato la Cappella Sistina del Sahara, restano altre sorprese. Come la bottiglia con messaggio che Thèodore Monod, il più grande dei sahariani del Novecento, ha lasciato nel Gilf nel suo ultimo viaggio. Dieci anni fa. Ed è ancora nascosta sotto una roccia a fianco della Grotta del Ponte dove un pittore solitario ha impresso sulla roccia una grande vacca. O come il silenzio perfetto del wadi Wasa, il passaggio meridionale che ci porta lontano dal Gilf e dalle sue solitudini. Qui è davvero come correre fra i canaloni di Marte: le sabbie sono rosse, le montagne sono sgretolate, la terra sembra dissolversi di fronte alla potenza del vento, del sole, del gelo invernale, delle fornaci estive. Nessun segno di vita. Nessuno. Eppure, all'improvviso, all'alba, intuisci, nell'aria, un fremito inatteso. Da dietro una collina franante, il riflesso di un'ombra si impenna in un soffio di vento leggero. Alzi lo sguardo, ti proteggi con la mano dai raggi del sole e li vedi. E, allora, rimani senza parole. Due falchi in gioco, due falchi che si inseguono, che piroettano in un cielo blu cobalto. Due falchi nel nulla. Sono bellissimi. Volano via.

Corto Maltese

Si racconta che il padre fosse un marinaio di Tintagel, il villaggio della Cornovaglia celebre per le avventure di re Artù. La madre era una splendida gitana di Siviglia, bellissima ballerina di flamenco. Corto Maltese (Corto sta per "svelto di mano" e di coltello) nacque a Malta, il 10 luglio del 1887. A dieci anni scoprì che la sua mano era priva della linea della fortuna: il ragazzino tornò, allora, a casa e con un colpo di rasoio si incise, con una linea dritta e profonda, il palmo della mano sinistra. Il giovane Corto, a La Valletta, si immerse negli studi della cabala ebraica e si perse nei sogni celtici del padre. Ma Malta era troppo piccola per le sue inquietudini. Non aveva compiuto diciassette anni, quando si imbarcò sulla Vanità Dorada, *una goletta diretta oltre la rocca di Gibilterra, luogo dell'incontro fra suo padre e sua madre.*
Da allora, in un incastro di giochi del destino, Corto Maltese diventò un nomade del mare e dell'avventura. Vita straordinaria, la sua: incrocia la nave Mongolia *a bordo della quale dovrebbe trovarsi Phileas Fogg impegnato nel suo giro del mondo in ottanta giorni, conosce Jack London, si perde fra la Siberia e la Dancalia, fra la Mongolia e le più remote coste africane. Cerca le miniere*

di re Salomone e si ritrova a cavalcare al fianco
di Butch Cassidy. Diventa pirata nei mari orientali,
naviga per le solitudini del Pacifico. Nella Guyana
Olandese fa amicizia con Jeremiah Steiner, professore
di Fraz Kafka e amico di Sigmund Freud.
La prima guerra mondiale lo sorprende a Venezia
mentre cerca la mappa della città perduta di El Dorado.
Non riesco a seguire, dalle coste africane
alla Manciuria, tutte le avventure di Corto:
so che cercò anche il tesoro di Alessandro Magno e
degli zar russi, che si ritrovò nel bel mezzo della guerra
civile irlandese e provo invidia per i suoi balli di tango
nei bordelli di Buenos Aires.
Dove morì Corto Maltese? Non lo so.
I suoi biografi annebbiano la storia. So, invece,
che Hugo Pratt è morto a Losanna nel 1995.

Corto Maltese apparve per la prima volta sul mensile
Sgt. Kirk *nel 1967: era la prima puntata della saga*
de La ballata del mare salato.
Pratt non ha mai fatto mistero di essersi ispirato,
per ricostruire la vita di quell'avventuriero romantico,
alle ombre di un film scombiccherato: La strega rossa,
fantastica storia di pirati e navi-fantasma,
girato da John Wayne nel 1948.

Una favola a Venezia

Ho le mani incrociate dietro la schiena. La luna è una perfetta falce turca sopra le mura merlate. Il silenzio è assoluto. Ti guardo dritto nei tuoi occhi di pietra. Non sei un leone di San Marco, ma sei altrettanto fiero e possente, guardiano delle porte dell'Arsenale. Sei un trofeo di guerra, un "leone greco" accucciato davanti ai cancelli del cantiere navale più celebre del mondo: Francesco Morosini, il Peleponnesiaco, ammiraglio della flotta veneziana, nel 1692, ti strappò dal tuo piedistallo che troneggiava nel Pireo per trascinarti fra i canali di una Venezia allora potente e altera, dominatrice del Mediterraneo. Chissà se si accorse degli strani simboli tatuati sulla tua spalla? Chissà se Morosini decifrò quei segni misteriosi intarsiati nella tua pelle di marmo? Chissà se è stato capace di sciogliere, per primo, il mistero di quei graffiti runici che si attorcigliano, come un serpente, attorno alla tua criniera? Corto Maltese, nelle sue passeggiate notturne fra calli e campielli, non vi riuscì. Guardò a lungo quei caratteri e, alla fine, si arrese. Si limitò ad annotare: "Leoni greci con delle rune scolpite. Questa città è ogni volta più strana".

Osservo quelle stesse incisioni sulla schiena del più grande dei leoni che sorvegliano l'ingresso dell'Arsenale: il tempo e la salsedine hanno ancor più corroso questi geroglifici graffiati nel marmo da antichi marinai vichinghi e l'arcano di queste scritte è sempre più illeggibile. E allora, come fece Corto Maltese nella primavera del 1921, anche oggi non rimane che andarsene, che perdersi fra il Ghetto Vecchio e le solitudini di San Pietro di Castello per cercare, assieme a vecchi eruditi e antichi saggi veneziani, gli indizi che conducono agli scrigni segreti dove è nascosto uno smeraldo magico, "purissimo e bellissimo".
Non tutto sarà chiaro in questo viaggio: ma questa è una Favola di Venezia, qui il mistero fa da guida, queste sono le corti e le fondamenta percorse da Corto Maltese e qui vive ancora Esmeralda (esiste, esiste, io l'ho incontrata in un'osteria dalle parti di Rialto: bellissima prostituta di Buenos Aires, ha riccioli neri e occhi profondi come il mare e amò con passione il Maltese). È lei che mi sussurra: "A Venezia non devi andare a fondo nelle cose. Non devi mai dare troppe spiegazioni".
Seguirò questo consiglio prezioso: ma adesso è tempo di cercare una gondola per il Ghetto Vecchio.

Una gondola per Ghetto Vecchio

Occhi di Fata, spavaldo e sbruffone, sosteneva di essere il più bravo gondoliere di Venezia mentre conduceva Corto verso la casa del rabbino Melchisedec. "È vero - dice oggi Stefano Gritti, giovane motoscafista in Piazza San Marco -. Era uno dei vecchi gondolieri e non ce ne sono più come lui: ti raccontava le storie autentiche della città. Si perdeva con la sua gondola fra i canali e parlava per ore. Era un bevitore formidabile, un personaggio straordinario". Occhi di Fata era guercio: quando incontrava Corto Maltese aveva sempre gli occhiali scuri. Li portava anche di notte. Accompagnò il marinaio non solo nel Ghetto Vecchio, gli capitò anche di attraversare tutta la laguna per condurre Corto a San Francesco del Deserto. Non fece nessun commento, disse solo: "Una bella vogata". Ancor oggi, al mattino, Occhi di Fata si aggira per le banchine di San Marco. Anche lui continua ad aspettare il ritorno del Maltese?

Quella notte, nella Favola veneziana, il gondoliere vogò fino al rifugio del dotto Melchisedec. Grande vecchio dalla barba bianca e dal *kippà*, lo zuccotto tradizionale, oramai consunto e grande rabbino, custode fedele della memoria di Venezia: Melchisedec si identifica con Sem, il figlio di Noé. Troppi crocevia in questa città, troppi destini incrociati per non smarrirsi. Ma sarà proprio il rabbino, alla luce delle fiammelle della *menorah*, il candelabro a sette braccia, a svelare a Corto Maltese gli enigmi delle iscrizioni runiche e i segreti dello smeraldo magico. Questa pietra, trafugata nell'829, assieme alle spoglie di San Marco, ad Alessandria d'Egitto da due mercanti veneziani, Buono da Malamocco e Rustico da Torcello, era conosciuta come la "clavicola di Salomone". Era la chiave alchemica indispensabile per ritrovare i tesori perduti della regina di Saba e del grande re di Israele: dopo un tentativo di furto, le tracce del gioiello svanirono nel 904. Il ladro, scoperto, annegò nel rio di Madonna dell'Orto.

Melchisedec non si limiterà a raccontare a Corto Maltese intricati misteri da alchimista, ma, in altre storie, narrerà al marinaio anche la verità su San Reys, El Dorado perduto, settima e ultima città d'oro dell'Amazzonia. Insomma: chi cerca tesori deve sempre partire da Venezia.

La casa di Melchisedec

La casa di Melchisedec esiste per davvero (o forse no?). Magari è un'altra serissima balla di Guido Fuga e Lele Vianello, amici per la pelle di Corto Maltese. Hanno scritto la più fantastica guida a Venezia e, da topografi pignoli, hanno anche disegnato la mappa per trovare la casa del rabbino: è in fondo a un sottoportego, fra la sontuosa sinagoga Spagnola e il ponte del Ghetto Nuovo. Qui si apre una piccola corte e, in un giardino nascosto, il saggio Melchisedec trovò libri "illeggibili" che "parlavano di continenti perduti e di popoli che venivano da mondi lontani". Il vecchio rabbino ne conosceva le chiavi di lettura e il Maltese era un ascoltatore attento. Melchisedec, interprete dei misteri, profondo conoscitore della Cabala, non mancò di avvertire l'amico marinaio: "Attento, cominci a giocare curiosamente con i ricordi assopiti nella polvere del passato. È un gioco pericoloso, il tuo...". Corto ascolterà le parole del rabbino? Potete giurare di no.
Le piazze del Ghetto, alla notte, sono deserte. Nel 1938 gli ebrei di Venezia erano 1.471. Tre secoli prima erano oltre cinquemila. Qui, per la prima volta nella storia, fu usata la parola "ghetto". Nel 1943 i nazisti e le camicie nere irruppero nella Casa di Riposo e deportarono nei campi di concentramento tedeschi 289 ebrei: a Venezia tornarono solo in sette. Oggi, in questo quartiere, non vivono che due o tre famiglie ebree. La comunità ebraica,

fra Venezia e Mestre, si è ridotta a poco meno di cinquecento persone. Ma è viva, tenace, orgogliosa. Quattro bambini felici saltellano verso l'asilo ebraico, sette vecchiette vivono ancora nell'antico ospizio israelitico, il vicerabbino Izthak Charig sorride quando chiediamo di Melchisedec e, con indulgenza, dice: "Noi studiamo, leggiamo, cerchiamo. A un certo punto la conoscenza non riesce a spiegare tutto: allora scatta la fede".
Qui, nel Ghetto Nuovo, sono arrivati anche gli ebrei ortodossi e messianici: ragazzi americani dal viso pallido e le occhiaie profonde, che non parlano una parola d'italiano e oscillano, con i filatteri di cuoio attorcigliati attorno alle braccia, nelle preghiere ebraiche e nella lettura del Talmud, in una stanza a vetri della grande piazza del Ghetto Nuovo. Corto Maltese li osserverebbe senza far trapelare i suoi pensieri. Ma lui aveva nostalgie sincere della vecchia comunità ebraica. Una volta ebbe a dire: "Sono stati gli ebrei che hanno dato a questa città la ricchezza, la scienza, l'arte e la musica".
Il viaggio veneziano di Corto è anche un'esplorazione misterica fra le religioni di questo sfolgorante mosaico lagunare. "Bisogna voler trovare", diceva spesso Hugo Pratt che ben conosceva il carattere di Corto e sapeva della sua ostinazione: per questo non si oppose quando lui volle andare fino all'ultima isola di Venezia.

Iscrizioni arabe sulla cattedra di San Pietro

Non vi sono più olivi nell'isolotto di Olivolo, uno dei più antichi insediamenti della laguna, oggi più conosciuto come San Pietro di Castello. Ma qui, fra le navate della grande chiesa, cattedrale della città fino al 1807, vi è ancora un trono di marmo: è la cattedra di San Pietro in Antiochia, seggio vescovile dell'apostolo. Fu l'imperatore d'Oriente, Michele Paleologo, a donarla al doge Pietro Gradenigo nel 1310.

Corto Maltese deve venire fino alla fine di Venezia per scrutare un'altra scritta indecifrabile: lo schienale del trono è una pietra funebre con incisi, in caratteri arabi, versetti del Corano. Corto è perplesso: la "prima scrittura araba conosciuta è quella della tomba del poeta Imru l-qays" e risale al 328 d.C. Il sacrificio del primo degli apostoli di Cristo era già avvenuto da secoli. Pietro, il vescovo Pietro, non avrebbe potuto appoggiare la sua schiena a una stele funebre che non avrebbe potuto essere scolpita, ai suoi tempi, con segni arabi. Bell'intrigo per Corto. Ancora una volta il marinaio non sa decifrare l'enigma, non sa trovare la pista capace di condurre allo smeraldo magico.

In realtà, fu il viaggiatore arabo Ibn Battuta a incidere sul trono di Pietro le altre sibilline indicazioni necessarie a trovare la pietra di re Salomone: ma Corto lo avrebbe saputo solo molto più tardi.

Seguendo le tracce del Maltese ci siamo persi davvero in una Venezia da fiaba, una Venezia smontata e rimontata in una geografia, confusa e precisissima, di esoterismi, eresie, leggende e mille religioni. Peccato che Corto Maltese non abbia conosciuto il musicista Luigi Nono che suggeriva l'impossibile a chi approdava in laguna: "Dovete saper vedere e ascoltare l'invisibile e l'inaudibile. Arrivare al minimo grado di audibilità e di visibilità".

Nono e Corto sarebbero andati d'accordo.

Il tesoro di San Francesco del Deserto

Corto bambino correva nei cortili del Ghetto Vecchio, succhiava il confetto che la signora Bora Levi gli offriva dall'alto della "scala matta" e già giocava con i misteri dei simboli di Venezia. Conosceva le statue di tre fratelli turchi incastrate nei muri del campo dei Mori, disegnava farfalle illusorie sui mattoni rossastri di uno splendido palazzo di campo dell'Abbazia. Qui, al riparo del sottoportego, il Maltese, negli anni della sua adolescenza, amoreggiò con belle ragazze "dagli occhi color veneziano": Corto si era assicurato la complicità e i silenzi del proprietario di quell'elegante casa nobiliare, il vecchio Italico Brass, nonno di Tinto.

A Venezia si è sempre sul punto di perdersi, per poi ritrovarsi in luoghi conosciuti e tra amici fidati.

Corto intrecciava e confondeva le religioni. Lui amava lo gnosticismo, intrico eretico capace di vagare fra le correnti magiche-astrologiche dell'Oriente e il giudaismo alessandrino, fra l'ermetismo e le filosofie ellenistiche. Un bel guazzabuglio in cui ognuno può trovare "quello che desidera". Ma non è per cercare pace e serenità o ritrovare il filo più lineare di una religione che Corto, mentre infuriava la prima guerra mondiale, attraversò la laguna fino all'Isola del Deserto, frammento di terra irraggiungibile a un passo da Burano.

Corto Maltese, gnostico e scettico, aveva un appuntamento con fratello Serafino, prete francescano dalla chierica tondeggiante e la barba folta, esperto in epigrafia e restauro di antichi manoscritti. È lui che copierà per Corto la mappa delle Sei Città d'Oro di Cibola, leggendario El Dorado

amazzonico: erano state incise sulla pelle di un francescano trucidato e scuoiato dagli *indios* dell'Alto Maranon. Solo luoghi come questo, solitari e affascinanti, possono conservare segreti così preziosi.
San Francesco sbarcò su questa isola nel 1220. San Bonaventura racconta che il santo si sedette in mezzo a stormi di uccelli che non volarono via quando videro l'uomo avvicinarsi. Anzi: Francesco gli chiese di smettere di cinguettare per poter pregare in silenzio e gli uccelli ubbidirono. Il santo piantò sulla terra dell'isola un bastone di cipresso che "subito mise radici e rigermogliò".
Oggi l'isolotto di San Francesco del Deserto è una corona di cipressi verdi che spunta dalle acque della laguna. Corto non troverebbe più fratello Serafino ad accoglierlo, ma un giovane padre guardiano senza barba e con l'aria da studente. Fratello Alfonso ha trentasei anni, è gentile e cortese. E non crede che a San Francesco del Deserto sia nascosta ancora una mappa del tesoro. Vive con altri sette frati in questo angolo solitario della laguna, luogo incantato e perfetto. La vita, qui, ha gli stessi ritmi dei tempi di Corto Maltese: lodi al mattino, meditazione, lavori nell'orto e nel grande giardino, pranzo, ufficio delle letture, vespero e compieta alla sera.
Nei fine settimana si può incontrare anche fratello Carmelo: ha settantaquattro anni e da mezzo secolo vive a San Francesco del Deserto. È l'ultimo dei frati "questuanti": Carmelo gira per le strade del Veneto a raccogliere cibo, vestiti, granaglie, doni per i conventi e le missioni. Forse ha davvero conosciuto Serafino e intravisto, da ragazzo, le curiosità profane di Corto Maltese. Fratello Alfonso in-

dica nella nebbia, verso l'isola di Sant'Erasmo, il profilo di un grande palazzo con un doppio camino: assomiglia maledettamente alla "casa dell'angelo d'Oriente", dove Venexiana Stevenson tesseva i suoi intrighi per contendere il segreto dell'El Dorado al marinaio maltese.

Calle dell'Amor dei Amici

Lo so, in questo viaggio veneziano le domande non hanno avuto risposta. Dopo tanto cercare, la "clavicola di Salomone", smeraldo magico, chiave degli alchimisti capace di evocare spiriti e demoni, appare, senza spiegazioni, nelle tasche dei pantaloni di Corto. Ma, adesso che possiede il gioiello, il marinaio veleggerà davvero per l'Etiopia alla ricerca delle miniere del re d'Israele? La Favola di Venezia terminò la notte fra il 24 e il 25 aprile del 1921, giorno di San Marco, patrono della città. Venezia è nel sangue. Vi si ritorna sempre. È impossibile staccarsi da lei. Corto lo sa e sussurra alla fine della sua Favola: "In questa città succedono cose incredibili". Ma il marinaio sa anche altre verità e dice: "In questa città bellissima finirei per lasciarmi prendere dal suo fascino, diventerei pigro". Sullo sfondo della sua nostalgia scivolano le cupole verdi di San Marco: "Venezia sarebbe la mia fine".
Ma Venezia è generosa con Corto Maltese e gli apre le porte di tre luoghi magici e introvabili: calle dell'Amor dei Amici è larga non più di mezzo metro. Maschere inquietanti spuntano da dietro una finestra. La calle non conduce da nessuna parte: finisce in una riva. E nemmeno i più meticolosi manuali degli eruditi veneziani sanno spiegarsi l'origine del suo nome straordinario.

Il ponte delle Maravegie è un luogo sospeso: là, oltre l'Accademia, bisogna andarvi di notte quando la solitudine è assoluta e il silenzio è immobile.
E calle dei Marrani a San Geremia in Ghetto è davvero un'illusione. Nessuno sa se esista per davvero oppure no.
"Quando i veneziani sono stanchi si recano in questi tre luoghi segreti e, aprendo le porte che stanno nel fondo di quelle corti, se ne vanno per sempre in posti bellissimi e altre storie": qualche volta queste porte si aprono anche per chi non è di Venezia.
A Corto Maltese, quel giorno di primavera del 1921, qualcuno aprì e lui scomparve.
Qui è possibile, davvero, "entrare in un'altra storia, in un altro luogo". Ricordate: calle dell'Amor dei Amici, ponte della Maravegie e calle dei Marrani. A voi trovarle.

Ryszard Kapuscinski

Pisnk oggi è una città bielorussa.
Nel 1932 era terra della Polonia orientale.
Qui nacque, da una famiglia povera, Ryszard Kapuscinski. In quegli anni, nella Polonia comunista, racconta Ryszard, "i figli di operai e contadini erano quasi certi di ottenere il libretto" e di poter accedere all'università.
Ryszard, a diciannove anni, entrò alla facoltà di storia di Varsavia. Scriveva belle poesie (e un suo libro di poesie è stato tradotto da poco anche in Italia). Appena laureato, trovò lavoro nel giornale Sztandar Mlodych, "La bandiera dei giovani". *Si occupava delle Lettere al Direttore.*
Chissà cosa doveva passare per la testa a Irena Tarlowska, la sua caporedattrice, quando decise di spedire quel ragazzo in India per scrivere un reportage. In quegli anni, andare all'estero era un privilegio assoluto per un cittadino polacco.
Non solo: prima della partenza, Irena gli regalò una copia delle Storie *di Erodoto, libro proibito negli anni di Stalin.*
Un cronista dell'antichità e un giovane giornalista alle prime armi: era un segno del destino o una condanna al nomadismo?
Kapuscinski non si sarebbe mai più fermato.

Nel 1957 è l'agenzia di stampa Polka Prasowa *a spedirlo in Ghana. Sarà il primo dei suoi viaggi in Africa. E Kapu diverrà, in oltre quarant'anni di viaggi, il più celebre fra i cantori di questo continente. Non un semplice giornalista, ma lo scrittore-reporter che meglio di ogni altro ha saputo raccontare l'Africa.*
Ebano, *forse, è il libro più vero che un bianco abbia mai scritto su questa terra.*

Ryszard non si è ancora fermato: viaggia ancora come un Erodoto a cavallo fra il Novecento e il Duemila. Vive a Varsavia.
E io vorrei incontrarlo nella sua mansarda piena di libri, al terzo piano di una bella casa fuori del tempo.

In *taxi-brousse* con Ryszard

Ancora una volta ho fatto la domanda sbagliata. Non riesco a cancellare la mia pelle bianca. Mi ero presentato presto nello spiazzo polveroso da dove sapevo che il *taxi-brousse* sarebbe partito di buon mattino. Dovevo lasciare il villaggio, un aereo mi aspettava nella città africana. Dovevo tornare a casa. Avevo fretta. L'autista del taxi mi adocchiò mentre mi guardavo attorno. L'uomo, con un borbottio, finì il suo bicchierino di tè, si alzò con un sospiro e fece due passi verso di me ondeggiando come un marinaio che da tempo non mette piede a terra. Indossava una giacca a vento color granata come se avesse freddo. Io ero in camicia e sudavo. Non ci scambiammo nemmeno una parola, non ce n'era bisogno. Bastava un cenno con gli occhi per capirsi. Ero un cliente. Il primo cliente di quella giornata. Per di più bianco. L'uomo prese la mia borsa, aprì il portabagagli della vecchia Peugeot 504 a sette posti e, con imprevista delicatezza, fece sparire lo zaino. Era premuroso: lo coprì con un telo lacero e con una mano soffiò via la polvere. Poi si voltò, fece dei passi a ritroso e si rimise a sedere. Ricominciò a sollevare verso il cielo la sua teiera. Con abilità tranquilla riempiva un minuscolo bicchiere. Non un goccio di tè, schiumoso e ben ossigenato, andava perduto. Bevevo a piccoli sorsi, con un fragoroso gorgottio di gola. Il tempo sembrava non esistere. Solo io, bianco e spaesato, ero impaziente.

"Quando si parte?" L'uomo mi guardò e non nascose un movimento di delusione per la mia ignoranza: "Quando ci saranno abbastanza clienti". E questo voleva dire: tredici persone, più bambini e, se del caso, qualche pollo. Per fortuna non aveva mentito, come si fa nelle grandi città. A Bamako, in Mali, nei parcheggi dei *taxi-brousse,* ti rispondono: "*Tout de suite*", presto, e dopo puoi pure addormentarti che tanto si parte il giorno dopo.
Trovai un panchetto e mi misi a sedere. Accanto a me due macellai stavano scuoiando un paio di capre; cani, corvi e mosche ronzavano attorno con l'acquolina in bocca. Ogni tanto qualche pezzo volava per aria ed era rissa fra gli animali. I macellai soffiavano nelle budella delle capre: sembravano volessero fare tanti palloncini color biancolatte.

Avrei dovuto conoscere bene questa lezione africana attorno al tempo: nella tasca del mio giubbotto c'era una copia di *Ebano*, la raccolta delle storie quotidiane del migliore fra i giornalisti che hanno battuto le strade dell'Africa negli ultimi cinquant'anni. Ryszard Kapuscinki, giovane e solitario inviato di un'agenzia polacca, voleva andare da Accra, la capitale del Ghana, a Kumasi, la città dei re *ashanti*. Era il 1958 e Ryszard imparava in fretta:

"Salendo in autobus l'africano non chiede quando si parte". Il guidatore risponderebbe stupito: "Quando ci sarà abbastanza gente da riempirlo".

Il giornalista polacco, quel lontano giorno, ebbe fortuna: attese appena due ore. Io, che volevo raggiungere Bamako al più presto, da un villaggio distante poco meno di cento chilometri, ho aspettato quattro ore. Più il tempo di ovviare al fatto che il serbatoio del *taxi-brousse* era vuoto e non si trovava benzina. E con una inevitabile sorpresa: riempito il taxi e trovato il carburante, la Peugeot non ne voleva sapere di ripartire.

L'autista girava la chiavetta e la macchina rimaneva muta, nemmeno un battito del suo cuore meccanico. Noi, le tredici persone, eravamo sistemati uno addosso all'altro e tutti ci siamo disincastrati e, come sardine sguscianti, siamo usciti nuovamente dalla macchina. L'uomo, con gesti da attore, ha alzato il cofano e noi passeggeri maschi, con fare intenso, ci siamo messi a guardare il motore.

Bella scena, molto seria, nessuno parlava, qualche mugolio ogni tanto a cui il vicino replicava con un cenno di assenso della testa: è durata almeno un quarto d'ora. Fino a quando un ragazzo, sporco di morchia, non ha cominciato a massaggiare il carburatore. Deve aver pronunciato parole magiche: dopo il lavorio delle sue mani, è bastato un colpetto di chiave e il motore, brontolando come una vecchia donna, ha avuto un sobbalzo e un rantolo di vita cigolante. Siamo risaliti a bordo, ritrovando lo stesso gioco di incastri fra i corpi.

Il libro di Ryszard mi pigiava contro un fianco. È passato quasi mezzo secolo da quel ricordo di viaggio di Kapuscinski, eppure i due autisti (nonno e nipote, a ben scorrere le generazioni) che ci hanno accompagnati a cinquant'anni di distanza hanno risposto alla stessa maniera a due bianchi sprovveduti. Non so come, ma riuscii a tirare fuori quel volume, che quasi mi sfuggì di mano, quando il *taxi-brousse,* innestata la prima, fece un vero salto in avanti facendo fuggire una donna e un paio di capre.

Viaggiavo stretto fra una grande donna dagli abiti sgargianti e un ragazzo con gli occhiali scuri, silenzioso come una sfinge. L'autista era reclinato sul volante. Ogni tanto si metteva in bocca una manciata di noccioline. Il pollo, stretto sotto le sottane della donna, si era rassegnato. Un vecchio tirò fuori un cellulare, controllò se aveva campo, fece un numero e si mise a chiacchierare con voce da tuono sfiatato.
In Africa si parla sempre con due toni più alti del necessario: Dio ti deve sentire, non deve avere il sospetto che tu nasconda qualcosa. Solo i bianchi parlano sommessamente, come se non volessero essere uditi dal cielo. Pessima abitudine, malvista dagli africani. Ho un amico che sostiene che i cellulari hanno trasformato tutti in *griot*.
Il vecchio urlò per una buona mezz'ora nel suo telefono. Non disse molte cose: diceva una parola e poi faceva una pausa prima di andare avanti. Chiuso il misterioso dialogo, si addormentò di colpo e con naturalezza quasi contorcendosi sull'ultimo sedile della Peugeot. Io leggevo, a singhiozzo, le pagine scritte da Ryszard: erano la descrizione del paesaggio che stava scorrendo al mio fianco. Era come se i viandanti in bicicletta, le donne con i secchi sul-

la testa, i bambini stracciati che ciondolano verso una scuola improbabile saltassero, uno dopo l'altro, dentro e fuori i racconti di *Ebano*. Non sapevo più dove guardare e mi immaginavo Ryszard seduto accanto all'autista che non si perdeva un solo frammento dello spettacolo della gente della savana.

Un camion si era rovesciato, non c'era nessuna speranza di tirarlo fuori dalla buca nella quale si era ribaltato. Ma gli uomini non sembravano preoccupati. Avevano sistemato il carico sotto l'ombra di un'acacia e, esausti, si erano addormentati con espressioni affaticate. Qualche cosa succederà. Se fossi ripassato da lì una settimana dopo, li avrei trovati ancora immobili, ma certi che il soccorso stava per arrivare.

Due dei passeggeri del camion non avevano sonno e giocavano a una dama africana con palline di sterco di capra.

Gli occhi di Kapuscinski sono onesti, veri, curiosi, attenti; le sue parole sono il racconto perfetto della vita di ogni giorno di questa terra che per sbaglio abbiamo chiamato Africa. Lui lo sostiene fin dalla prima pagina del suo libro di storie: "A parte la sua denominazione geografica, in realtà l'Africa non esiste". Già, esistono le mille e più Afriche, ed esiste il mistero del tempo quotidiano di queste Afriche. Come hai fatto, Ryszard, gentiluomo polacco, uomo timido e impacciato, figlio di un Paese poverissimo del Nord Europa, a raccontarci le Afriche dei dettagli, delle piccole storie di chi si inventa una sopravvivenza tutti i giorni, di chi *se debrouille* nella vita, come si direbbe, qui, in Mali?

I passeggeri scendono, cambiano i compagni di viaggio, ma i miei vicini non danno un cenno di vita. La donna al mio fianco dorme placidamente sulla mia spalla. Io non so stare fermo così a lungo. Cerco di muovere una gamba, ma tiro un calcio al pollo che protesta con un grido da gallina spennata. Riesco a togliere un braccio che si era intirizzito sotto la schiena del ragazzo taciturno. Il taxi si arresta in un villaggio dove si coltiva tabacco. L'autista si fa portare una ciotola d'acqua. Un contadino chiede di salire. Ha con sé un sacco immenso e una bicicletta. In Africa viene smentita ogni legge della fisica: con l'aiuto degli avventori di un bar scalcinato, la bicicletta è issata sul tetto della vecchia Peugeot che, all'istante, si trasforma nel capolavoro di uno scultore iperrealista. Il sacco di foglie di tabacco viene infilato nel portabagagli che rimase inesorabilmente sospeso a mezz'aria, nessuno lo avrebbe più richiuso: *pas de problèmes*, una corda assicurò che non si sarebbe perso nemmeno un pezzo. Almeno così disse l'autista che fece sparire nella tasca della sua giacca a vento i duemila franchi del contadino.

L'uomo era onesto e la Peugeot una macchina avveduta: un paio d'ore dopo quella sosta, si fermò, senza voler ripartire, quando arrivò nella prima vera cittadina, là dove ricominciava l'asfalto. L'autista non era né sconsolato, né sorpreso. Tirò fuori i soldi dalla tasca e restituì parte del denaro a ognuno dei passeggeri. Fine della corsa, prima della capitale. Distante altri venti chilometri. Tutti ci mettemmo alla ricerca di un altro taxi. Un ragazzino mi adottò subito e mi guidò verso una macchina ancor più scassata di quella con la quale ero arrivato: la sua giornata lavorativa adesso era un pieno successo, aveva rimediato un cliente e per di più bianco. Attese una buona mancia e se ne andò via con un sorriso da bambino. Solo che il nuovo taxi non aveva nessuna intenzione di partire. Scomparve anche il giovane dinoccolato che si era presentato come l'autista. Ero in piedi a fianco di quell'auto che, a ben vedere, non appariva in grado di fare un solo chilometro. Alla fine, mi resi conto che la macchina non aveva nemmeno le ruote. Poggiava, in maniera strana, su dei pezzi di cemento spezzati, erano stati nascosti da due casse di legno. Aprii le braccia, mi guardai attorno e incrociai uno sguardo divertito e solidale di un vecchio bianco.

Gente strana, i bianchi che vivono in Africa da tanti anni. Hanno un'aria da gatti sornioni. Vestono con abiti nei quali sembrano aver dormito nelle ultime dieci notti. Hanno occhi rapidi, curiosi, scintillanti a volte, come la luce di una stella cadente. I loro capelli sono ingovernabili, la barba ha sempre la lunghezza di una settimana senza rasatura. Hanno un'espressione che riesce a far convivere nei muscoli stanchezza perenne e vitalità improvvisa. Insomma, l'aria dell'Africa li ha cambiati. Non è stata possibile una metamorfosi assoluta, non sono diventati neri, ma un'altra razza sì. Un'altra stirpe di umanità. Il vecchio (che non era poi tanto vecchio ora che lo vedevo bene mentre mi faceva un cenno con la mano) continuava a fissarmi. Era seduto al banco di una immensa donna africana che vendeva la birra locale. "È buona, questa birra", mi gridò dietro l'uomo. Non aveva molti capelli, il suo era un sorriso accogliente. Mentre parlava la fronte si aggrot-

tava in mille geometrie. Doveva avere qualche acciacco, ma oggi appariva in buona forma. Aveva ragione, la birra di mais era buona: alcolica quanto basta per non sentirsi un peccatore contro l'islam, dissetante per sfidare i giorni del grande caldo, infine era densa e quindi sostituiva, per chi aveva solo qualche centesimo di franchi in tasca, un intero pasto. La *madame* africana versava bicchieri generosi ai suoi clienti e così il suo negozio aveva successo. Il bianco ordinò un colossale catino di birra anche per me. Sorrise ancora: "Non te la prendere, sono stati bravi a prenderti in giro. Degni di ammirazione - mi dice senza guardarmi -. E poi non ci hai rimesso nemmeno tanto. Qui i ladri, in realtà, compiono un atto di amicizia nei tuoi confronti. Pensaci: sei un bianco rompiscatole, giri per qui facendo domande e guardando la gente come se fossi allo zoo, non dai una mano, combini sempre guai e non rischi niente: hai in tasca un biglietto d'aereo per tornartene a casa e un po' di soldi nascosti nelle mutande. Insomma non servi a niente. Chi cerca di fregarti, in realtà vuole renderti utile a qualcosa. È come se ti stesse dando il benvenuto. Ti dice che sei accettato nella comunità".
Bevvi la birra, troppo acida per il mio palato, ma non dissi nulla. Un filo di schiuma mi rimase sulla barba.

Il bianco aveva voglia di parlare, il suo francese era una meraviglia di altri tempi, ma, potrei giurarlo, non era la sua lingua madre: mi disse di aver vissuto un po' ovunque in Africa. A Lagos, ad esempio, dove aveva avuto una casa in un quartiere-baraccopoli. Non era chiaro nemmeno a lui perché se ne andò a vivere, unico bianco, in quel luo-

go infame. "È vero non avevo molti soldi, ma una casa migliore, in una zona residenziale, forse me la sarei potuta permettere - raccontò -; ma io volevo conoscere l'Africa, mica potevo starmene in un ghetto per bianchi".
Fu lì che quest'uomo imparò a farsi rapinare in santa pace. Fu lì che non capì un bel nulla. Guardai verso i miei compagni di *taxi-brousse:* aspettavano con una pazienza infinita che la nuova macchina che avevano trovato si riempisse e non facevano una piega. Le donne sonnecchiavano e allattavano i figli, gli uomini si erano stravaccati su certe balle di cotone accatastate ai margini del piazzale. Anche il bianco, in quei vicoli di Lagos, si chiedeva che cosa pensavano i suoi vicini di casa? Non era sicuro di essere riuscito a capirlo. La gente di quel quartiere se ne stava più in strada che in casa. Non c'erano marciapiedi e ai lati dei vicoli scorrevano gli scoli delle fogne. Ogni tanto qualche ragazzino vi scivolava dentro. Veniva ripescato e ripulito alla meglio dalle donne che continuavano a vendere verdure in mezzo a quel caos. "Ogni tanto passavano dei preti di diverse religioni per quelle strade - ricorda l'uomo -. Cantavano e gridavano per ore. Le donne sudavano e succhiavano un sacchetto di plastica pieno di acqua colorata. Quante volte ho cercato di sapere che cosa pensassero. Non ce l'ho mai fatta". Alla fine il bianco lasciò quel quartiere di Lagos e riprese la sua vita di vagabondo.

Non me la raccontava mica tutta giusta. "Il colore della mia pelle e il lavoro che facevo allora mi avrebbe aperto le anticamere dei palazzi del nuovo potere africano. Lì ho

conosciuti tutti i signori dell'Africa delle indipendenze", mi disse. Questo doveva accadere almeno quarant'anni fa, pensai. "Ma a me piacevano i nomadi, viaggiavo sui camion della savana, dormivo nelle capanne dei contadini". Che cosa hanno visto i tuoi occhi, vecchio? Quante storie stai raccontando? Perché sto qui a sentirti invece di darmi da fare a cercare un taxi? Ti sei dimenticato che domani hai un aereo? "Smettila di pensarci", mi disse quasi leggesse nei miei pensieri. Mi offrì un'altra birra. "Il tempo è un'entità passiva. Cosa te ne fai del tempo che risparmi? Un bel niente. Goditela, oppure fai come un africano: affina l'arte di resistere, di aspettare. Nell'attesa può non succedere nulla, ma potresti incontrare l'occasione della tua vita. Mi rimane solo un dubbio: a cosa pensano questi qui - e con il braccio disegnò un semicerchio nell'aria indicando la folla che si muoveva attorno a noi - quando aspettano quasi in *trance*? Sognano? Ricordano? Fanno progetti? Meditano? Forse viaggiano per l'aldilà? Non so dirlo, dopo tanti anni di Africa, io non so dirlo".
Certo è che chiacchieri, vecchio. Siamo qui da un po'. È vero che il tempo è passato e non ce ne siamo accorti. Tempo come un regalo, ma chi glielo spiega a chi mi sta aspettando a casa. Me ne sto zitto e bevo questa birra che non mi piace, ma tu ne dici di parole. E, certo, è bello starti a sentire. Chi sei?

Sta arrivando la sera. Ma in Africa, almeno a queste latitudini, non è mai così: il buio non arriva, ti cade addosso. Un momento prima c'era ancora la luce del sole, poi, se l'*harmattan*, vento di sabbia, quel giorno non si è fatto

sentire, c'è un lampo arrossato, tutto sbiadisce in fretta e la notte è come una tagliola improvvisa. La matrona della birra lo sa e non ha nessuna intenzione di mollare il suo banco. Anzi, ora che è buio cominciano gli affari. Le stelle si accendono e il vecchio lancia uno sguardo che vorrebbe essere distratto e che, invece, è commosso. Gli uomini fanno il bilancio della giornata. Si frugano nelle tasche e, se salta fuori qualche centesimo, mica tornano a casa. Un piatto di polenta con sopra una salsa unta e un vaso di birra schiumosa è quello che ci vuole per celebrare. La giornata è andata, siamo ancora vivi. Fermiamoci, regaliamoci una pausa. Oramai ho perso l'ultimo taxi, ma non mi riesce di essere disperato, non devo pensarci. Qualcosa accadrà. Il mio compagno, da un po' di tempo, è silenzioso. Ogni tanto tira fuori un quadernetto e prende qualche appunto. "Poi li perdo sempre - mi rassicura - ma se scrivo mi sembra di essere vicino a capire l'Africa e allora mi annoto delle tracce, delle possibilità, degli istinti. Magari, più tardi, fra qualche anno, sarò capace di costruire una mappa".
Le donne del mercato accendono lampade a petrolio, vi è odore di nafta nell'aria, si mischia al sapore dei pesci arrostiti che viaggia in una nuvola di fumo. Il rumore di un generatore fa volare via un paio di pipistrelli, in un banchetto vicino si friggono frittelle di farina di mais. Tutto il mercato notturno sembra sfrigolare. Mi venne di mangiare del pesce e invitai il mio nuovo compagno. I ragazzi di strada stavano diventando nervosi: bisognava cercare un posto dove dormire e i rifugi migliori e più sicuri erano già occupati. Piccoli battibecchi erano nell'aria. Un poli-

ziotto fece roteare il suo manganello e gli sguardi dei ragazzi si accucciarono verso terra. Io e il vecchio ci demmo una mossa. Adesso non si vedeva il colore della nostra pelle: eravamo ombre, come loro. Nemmeno le luci dei camion svelavano la nostra razza. Ci fermammo davanti a una bottega, il neon illuminava un'insegna blu: *La sénégalaise...* "Un buon posto", fece il mio compagno. Aveva ragione: i catini erano pieni di pesce arrostito e spiedini e le patate fritte avevano un'aria da leccarsi i baffi. Era tempo di mangiare, l'aereo era perduto. Il bianco - era curioso che non gli avessi ancora chiesto come si chiamava - mangiò di gusto chiacchierando in una lingua che non capivo con la donna senegalese che stava pestando il miglio. Un bambino con addosso una maglia a strisce rosse e blu e un numero nove sulla schiena ballonzolava davanti al nostro tavolo con in mano un secchio vuoto. "*Karibu* - disse il mio compagno - ragazzi delle scuole coraniche che se ne vanno in cerca di cibo nella notte". Numero Nove avrebbe aspettato, con i suoi occhi divisi fra la fame e il sonno, fino a quando non ci saremmo alzati. Poi si sarebbe avventato sui resti del nostro cibo fino a quando la senegalese non lo avrebbe cacciato con un urlo. Il vecchio sembrava interrogarsi da solo: "È giusto, tutto questo? Tu lo sai?", mi chiese. Guardammo in silenzio Numero Nove. Se fossimo venuti in questo posto altre cento notti, lo avremmo trovato sempre qui. Fino a quando un giorno non sarebbe riapparso e nessuno si sarebbe interrogato sulla sua sorte. Ci alzammo, il bianco si chinò verso il ragazzo, gli disse qualcosa all'orecchio e Numero Nove sorrise guardandomi.

Le storie in Africa sono piccole. I turisti, spesso, non hanno occhi nemmeno per annotarle. Non se ne rendono conto. Le storie non hanno né fine, né principio. Si dipanano e solo Kapuscinski ha saputo farle salire sul palcoscenico. È la stessa cosa che, ora, sta facendo il cantastorie cieco che, nella notte di questa città di cui non conosco il nome, accompagnato per mano da un ragazzino minuscolo, intona la sua nenia stonata per i clienti ubriachi di un bar. Il vecchio si fermò, mi sfiorò un braccio: "Mi ha fatto piacere parlare con te. Ne avevo bisogno. Ho visto che hai un libro, posso darci un'occhiata?". *Ebano* spuntava dalla mia giacca, glielo porsi, l'uomo fece scorrere le pagine, si soffermò sulle prime righe, sorrise, si spostò alla luce e tirò fuori una penna. Scrisse qualcosa. "Bene, ora devo andare. Io vado verso nord. Mi hanno detto che là c'è qualcuno che potrebbe avere qualche risposta alle mie domande. Ma io so già che tornerò con più dubbi di prima. Chissà che non sia questo il semplice trucco del nomadismo: essere sempre tentati da cosa c'è oltre quell'angolo, al di là di quell'orizzonte". E indicò una direzione dove solo il buio era padrone. Se aguzzavi la vista, nella savana, qualcuno aveva acceso un piccolo fuoco. Il vecchio se ne andò e io rimasi lì, in piedi, interdetto, incapace di fermarlo. Sentii la paura salire lungo la pancia. Rimisi il libro in tasca e mi voltai verso le lampade del mercato. Numero Nove aveva un sorriso che sembrava il riflesso del sole su uno specchio. "Vieni con me". Dietro una catapecchia un uomo stava scaldando il tè. Doveva essersi appena svegliato. "Per arrivare all'aeroporto fanno tremila franchi. Più le mance da lasciare ai poliziotti che ci fermeranno. Da queste parti non si viaggia di notte, ma il polacco è un amico e a un amico non si dice mai di no", disse in maniera brusca. E mi passò un bicchierino di tè. Non chiesi nulla. Bevvi anch'io con fragore di labbra e gola. La macchina partì subito e il serbatoio era pieno di benzina.

Arrivai in tempo per il mio aereo. Con addosso la malinconia di stare facendo la cosa sbagliata. Allacciai la cintura, cercai di addormentarmi, non ci riuscii, mi passai sul viso una salvietta bagnata. Aprii, ancora una volta, *Ebano*. Nella prima pagina bianca c'era scritto con una calligrafia incerta: "Ci ritroveremo. Da qualche parte. In Africa non ci si perde, basta guardare gli occhi di chi ti sta a fianco. Ryszard".

L'aereo decollò. Nella notte, le terre della savana sono scure come il sipario di un teatro. Al *taxi-brousse* mancava un faro e il doganiere ci lasciò passare senza storie. L'aereo era già in volo. Non potevo più scendere. Sarei tornato indietro, o, forse mai partito, se avessi saputo prima? Mi alzai, mi affacciai a un finestrino. Qualche fuoco cercava di spezzare il buio sotto di noi. Sentii un pensiero correre dietro a una lacrima, ma non riuscii ad afferrarlo. Svanì.

GRAZIE LETTORE!

per aver comprato questo libro da un venditore di strada. Con questo gesto sostieni infatti il **Progetto di strada** di **Terre di mezzo**.

Terre (www.terre.it) è un "giornale di strada" (un giornale in vendita cioè di proposito **solo sulla strada** e non in edicola), che da 10 anni offre ai suoi venditori occasioni di dignità e integrazione attraverso una collaborazione concreta.

I **nostri venditori** sono stranieri che desiderano integrarsi in modo legale nel nostro Paese. E "Terre di mezzo", con la vendita ambulante di giornali e libri, offre loro un'opportunità. In 14 anni circa 800 persone hanno venduto il giornale per periodi più o meno lunghi. E questo lavoro è stato uno strumento per vivere una vita dignitosa in Italia e sostenere le loro famiglie nel Sud del mondo.
Puoi riconoscere i venditori di "Terre di mezzo" da una tessera col nome e con la foto.
Per loro e per noi la vendita non è un'occupazione "di serie B" ma lavoro vero.

Se approvi il nostro progetto di integrazione, ti chiediamo di seguirlo e sostenerlo continuando a comprare dai venditori il giornale e i libri, di cui pubblichiamo nella pagina accanto un elenco. I nostri libri (che trovi anche in libreria) fanno parte di collane nate per promuovere stili di vita sostenibili e accrescere la partecipazione civile. E per dare ascolto e visibilità alle città nascoste e a chi lavora quotidianamente alla costruzione di un mondo diverso.

Intanto grazie e buona lettura!

la redazione, i venditori e i volontari
di Terre di mezzo

PROGETTO DI STRADA: I NOSTRI PRODOTTI

I libri

Marta e l'acqua scomparsa
Euro 7,50

Winston. La battaglia di un orso polare contro il riscaldamento globale
Euro 7,50

L'Africa in città
Euro 7,50

A sud di casa
L'Africa delle donne
Euro 7

Dall'Etiopia a Roma
Lettere alla madre di una migrante in fuga.
Euro 7

Lavavetri
Euro 7

Susanna Bissoli
Caterina sulla soglia
Euro 7

Vado in Senegal!
Guida-racconto in 16 tinerari di turismo responsabile.
Euro 7,50

Il magazine

Terre di mezzo
Street magazine
Euro 3

IL CATALOGO DEI LIBRI

COLLANA DIARI

Periferie

A Sud di casa, *L'Africa delle donne. Da Belluno all'Angola, una storia di scoperte e nostalgia, 2009 - 7 €*
Dall'Etiopia a Roma, *Lettere alla madre di una migrante in fuga, 2009 - 7 €*
Lavavetri, *2009 - 7 €*
Quando nasci è una roulette. *Giovani figli di migranti si raccontano 2007 - 7 €*
La voce dei bambini d'Africa, *2006 - 7,50 €*
Viaggiatori viaggianti. Da Bob Marley a Che Guevara, *(9 racconti) 2006 - 7 €*
Il momento è atipico, *2006 - 7 €*
Questa pelle è pulita, *2005 - 7 €*
La grande casa di monsieur Diallò. *Diario di un viaggio di turismo responsabile in Senegal, 2005 - 7 €*
Campioni senza dimora, *2005 - 10 €*
Diario d'Africa, *2004 - 7 €*
Un tè a Ramallah, *2002 - 8 €*
La sporca guerra, *2002 - 8,50 €*
I pugni nel muro, *2001 - 7 €*
Il sogno ostinato. *Lettere dall'Africa, 2001 - 7 €*
N° 1 Clapham road, *2000 - 7,24 €*
Oltre il fiume - *7 €*
Di che colore è la mia paura. *Diario dalla malattia, II edizione - 8,50 €*

I diari dell'Archivio di Pieve Santo Stefano

La geometria dei sentimenti, *2009 - 14,50 €*
Scusate la calligrafia, *2008 - 14 €*
Praga, radio clandestina *2008 - 15,90 €*
Un giorno è bello e il prossimo migliore, *2007 - 14,50 €*
Cara sorella, caro fratello. *Lettere, 2006 - 10 €*
Rafiullah. *Via da Milano, tra i mujaheddin, 2005 - 12 €*
Lontana terra. *2005 - 12 €*
Ad alta voce. *Il riscatto della memoria in terra di mafia, 2004 - 10 €*
Masticare strada, diari randagi *2003 - 13 €*
Il sapore del pane. *2003 - 10 €*
Appunti di guerra, *2002 - 7 €*
I quaderni di Luisa, *2002 - 7 €*
Il marito taciturno *2002 - 7,50 €*

Antologie del concorso letterario di Terre di mezzo

Lontano dal cuore, *2008 - 7 €*
Folgorazioni, *2006 - 7 €*
Sirene. *Le voci del mare, 2004 - 7 €*
Radici e ali. *2001 - 6,71 €*

COLLANA NARRATIVA

Terremoto *di Enrico Macioci 2010 - 10 €*
Napoli ore 11 *di Giusi Marchetta 2010 - 7 €*
Caterina sulla soglia *di Susanna Bissoli 2010 - 7 €*
La verità a proposito di Celia *di Kevin Brockmeier, 2010 - 16 €*
Il paese dei diari *di Mario Perrotta, 2009 - 15 €*
Sai tenere un segreto? *di Jennifer McMahon, 2009 - 15,50 €*
Un sudario non ha tasche *di Horace Mc Coy 2009 - 14 €*
Babele 56 *di Giorgio Fontana, 2008 - 7 €*
L'ombra del cuoco *di Valerio M. Visintin, 2008 - 12 €*
Dai un bacio a chi vuoi tu *di Giusi Marchetta, 2008 - 7 €*
L'interprete *di Suki Kim, 2008 - 16,80 €*
Una cosa difficile come l'amore *di Alice McDermott, 2008 - 14,90 €*
Non si uccidono così anche i cavalli? *di Horace McCoy, 2007 - 12 €*
Faith *di Amanda Davis, 2007 - 14,50 €*
26A *di Diana Evans, 2006 - 16 €*
Viaggiatori viaggianti. Da Bob Marley a Che Guevara *di Andrea Semplici, 2006 - 17 €*
Guerra a lume di candela, *di Daniel Alarcón, 2006 - 14 €*
Vecchi amici *di Stephen Dixon, 2006 - 15 €*
GraceLand *di Chris Abani, 2006 - 18 €*
Mi chiedo quando ti mancherò *di Amanda Davis, 2005 - 16 €*
Una vita senza conseguenze *di Stephen Elliott, 2005 - 14 €*

COLLANA GUIDE

Stili di vita

I mostri nel mio frigorifero, *2010 - 10 €*
Abitare. Un viaggio nelle case degli altri, *2010 - 14 €*
Nuova influenza, *Come difendersi. Quello che non ci dicono. Un libro per capire e scegliere, 2009 - 12 €*
Guida alla Milano family friendly, *Ristoranti, negozi, abbigliamento, asili e corsi a misura di famiglia, 2009 - 10 €*
Una zucchina non fa primavera, *2009 - 8,90 €*
La spesa in cascina, *2009 - 10 €*
Cosa c'è davvero nel tuo carrello, *2009 - 12 €*
Divertirsi a Milano senza padroni, *2008 - 8,90 €*
Vivi con stile, *2008 - 10 €*
Viaggiare leggeri, *2008 - 12 €*
Cambio casa, cambio vita, *2008 - 10 €*
Gratis a Milano, Firenze, Roma, *2008 - 10 €*
Monelli ribelli, *2007 - 10 €*
Telefonare gratis o quasi, *2007 - 2 €*
Ora che posso. *300 indirizzi per non mandare in pensione la voglia di fare, 2006 - 10 €*
Tutto da rifare. *2006 - 10 €*
Vedo gente faccio cose. *2006 - 10 €*
Gas. Gruppi di acquisto solidali, *2005 - 8 €*
Terra. In campagna un'altra vita è possibile, *2005 - 12 €*
Manuale di sopravvivenza ciclica

urbana, *2004 - 10 €*
Fa' la cosa giusta! *Guida al consumo critico e agli stili di vita sostenibili*
ed. Milano e Lombardia, 2006 - 10 €
ed. Roma e Lazio, 2006/7 - 9 €
ed. Trento e provincia, 2006 - 10 €
ed. Genova e Liguria, 2009 - 10 €
ed. Firenze e Toscana, 2005 - 5 €

Turismo responsabile

Sono andata in vacanza con i figli e sono tornata viva, *2010 - 9 €*
Turisti in braghe di tela, *oltre cento proposte e consigli per andare in vacanza nonostante la crisi, 2009 - 9,80 €*
Dal Marocco a Capo Nord, *2008 - 18 €*
Vacanze contromano, *2008 - 10 €*
Turisti responsabili dalle Alpi alla Sicilia. *2008 - 10 €*
Fuori dai soliti binari, *2008 - 10 €*
Vado in Senegal! *2008 - 7,50 €*
Vacanze creative, *2007 - 10 €*
Week ender 2, *2007 - 9 €*

Percorsi

A Santiago per la Via de la Plata e il Cammino Sanabrese, *2010 - 17 €*
Guida al Cammino di Santiago de Compostela in bicicletta, *800 chilometri da Roncisvalle a Santiago 2010 - 17 €*
In cammino verso Santiago de Compostela. *fotografico, 2009, 19 €*
Cammini in Europa. *Pellegrinaggi antichi e moderni tra Santiago, Roma e la Terra Santa, 2009, 18 €*
A Santiago lungo il Cammino del Nord. *Oltre 800 chilometri a piedi da Irún a Compostela, 2009 - 18 €*
A piedi a Gerusalemme, *2008 - 17 €*
Sardegna a piedi. *10 itinerari spettacolari lungo la costa, 2008 - 17 €*
Gli eremi di Celestino V, *29 giorni a piedi e in treno attraverso Abruzzo, Molise, Puglia, Campania e Lazio, 2008 - 18 €*
In Sardegna tra mare e miniere, *2008 - 20 €*
La Via Francigena. *Cartografia e Gps, 2007 - 22 €*
Il Glorioso Rimpatrio. *20 giorni a piedi sulle tracce dei valdesi tra Francia e Piemonte, 2007 - 17 €*
Di qui passò Francesco. *350 chilometri a piedi tra La Verna, Gubbio Assisi... fino a Rieti, 2006 - 17 €*
Guida al Cammino di Santiago de Compostela, *2006 - 17 €*
Guida alla Via Francigena. *900 chilometri a piedi sulle strade del pellegrinaggio verso Roma, 2006 - 17 €*
Sentieri partigiani in Italia, *2006 - 16 €*

Sapori

Pappamondo
Guida ai ristoranti stranieri
ed. Milano, 2010 - 10 €
ed. Roma, 2005 - 8,50 €
ed. Genova, 2004 - 7 €
PappaMilano. *100 ristoranti di qualità a buon prezzo, ed. 2010 - 9 €*
PappaRoma. *100 ristoranti di qualità a buon prezzo, ed. 2006 - 9 €*
Guida alle migliori gelaterie di Milano, *2009 - 7 €*
Guida alle migliori panetterie di Milano, *2007 - 7 €*
Le ricette di pappamondo
Cen'è per tutti *Il primo libro di ricette per sessanta ospiti o più, 2007 - 7 €*
Cucina del Sud del mondo, *2007 - 7 €*
Cucina di strada, *2006 - 7 €*
Cucina del Senegal e dell'Africa nera. *2005 - 7 €*
Cucina indiana, *2005 - 7 €*

BAMBINI

I misteriosi tatuaggi di mio papà, *2010 - 7,50 €*
Il bosco delle meraviglie e la scoperta dell'amicizia, *2010 - 7,50 €*
Marta e l'acqua scomparsa, *2010 - 7,50 €*
Winston, *La battaglia di un orso polare contro il riscaldamento globale, 2009 - 7,50 €*
L'Africa in città, *2008 - 7,50 €*
Giochi tradizionali africani *2007 - 7,50 €*
Il cammello che sapeva leggere *Favole e racconti popolari del Mediterraneo, 2007 - 7,50 €*
La bella sposa grassa e altre fiabe africane, *2006 - 7,50 €*
Il giorno in cui il leone regalò una coda agli animali, *2005 - 7,50 €*

I PICCOLI

Pappasushi. Guida ai migliori ristoranti giapponesi di Milano, *2010 - 5 €*
In viaggio con Kapuscinski, *2010 - 3 €*
A tutto GAS. Come aprire un Gruppo di acquisto solidale e vivere meglio, *2010 - 3 €*

SCRITTURE

(non) Un corso di scrittura e narrazione, *2010 - 14,90 €*
Voglio fare lo scrittore, *2007 - 12 €*
Esordienti da spennare, *2007 - 12 €*

ALTRI TITOLI

La storia sui muri, *2008 - 25 €*
Gente come uno, *2008 - 10 €*
Mapu Terra, *2008 - 10 €*
Elikia. Storie dal Congo *di Frazzetta/Massarenti, 2007 - 18 €*
Vauro. Clandestino, *2006 - 7 €*
Fragili, resistenti, *2005 - 12 €*
Non usate il nostro nome, *2004 - 12 €*
Nero da morire, *2004 - 7 €*